최강 공룡왕

다락원

들어가며

"역사상 제일 강했던 공룡은 누구였을까?"

먼 옛날, 지구에는 크고 힘센 공룡들이 많이 살았습니다. 너무나 오래전에 살았고 지금은 멸종했기 때문에 어떤 공룡들이 어디서 어떻게 살았는지, 무엇을 먹었는지, 몸의 크기나 피부색은 어땠는지, 얼굴 형태나 몸의 특징이 어떠했는지 등을 속속들이 알 수는 없습니다.

그러나 이 책은 지금까지 발견된 화석과 여러 고생물학 자료를 바탕으로 다양한 공룡들의 모습과 특징, 싸움 방식 등을 추리해 멋진 그림으로 보여주고 있습니다. 책의 칼럼에 소개된 깃털공룡처럼 고생물학의 최신 연구 결과도 쉬운 설명과 그림으로 확인할 수 있습니다.

일반적으로 공룡이라고 하면 어마어마하게 큰 몸집과 압도적인 힘을 가진 것만 생각하기 쉽지만, 독이나 악취를 내뿜거나 카멜레온처럼 몸의 색을 바꾸는 등 다양한 능력을 가진 공룡들이 있었습니다. 그렇기에 실제로는 서로 조심하며 되도록 싸움을 피했을 것입니다. 그러나 혹시 싸우게 되었다면 이 책에서 그려진 것처럼 싸우고, 책과 같은 결과가 나왔을 것이라 자신합니다.

이제 왕좌를 차지하기 위해 공룡들이 펼치는 치열한 대결 현장으로 들어가볼까요?

— 감수·Saneyoshi Tatsuo
(동물학자 겸 동물 전문작가)

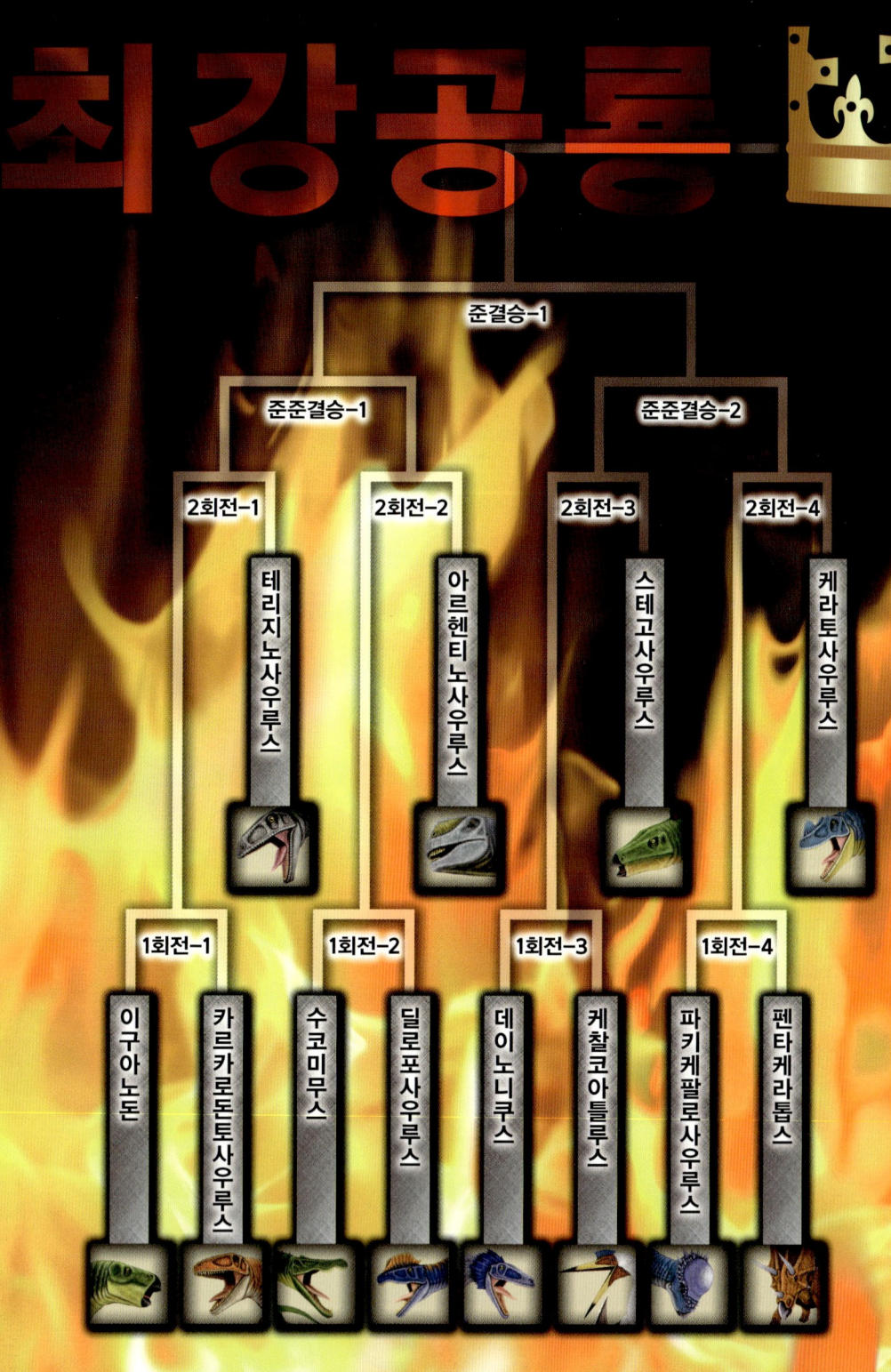

토너먼트

결승

준결승-2

준준결승-3 · 준준결승-4

2회전-5 · 2회전-6 · 2회전-7 · 2회전-8

티라노사우루스 · 브라키오사우루스 · 유타랍토르 · 스피노사우루스

1회전-5 · 1회전-6 · 1회전-7 · 1회전-8

알로사우루스 · 트리케라톱스 · 기가노토사우루스 · 사우로펠타 · 유티라누스 · 안킬로사우루스 · 암펠로사우루스 · 살코수쿠스

제3장 준준결승

준준결승 – 1   98쪽
2회전-1의 승자 VS 2회전-2의 승자

준준결승 – 2   102쪽
2회전-3의 승자 VS 2회전-4의 승자

준준결승 – 3   106쪽
2회전-5의 승자 VS 2회전-6의 승자

준준결승 – 4   110쪽
2회전-7의 승자 VS 2회전-8의 승자

제4장 준결승·결승

준결승 – 1   118쪽
준준결승-1의 승자 VS 준준결승-2의 승자

준결승 – 2   122쪽
준준결승-3의 승자 VS 준준결승-4의 승자

결승   128쪽
준결승-1의 승자 VS 준결승-2의 승자

기타 차례

○ 규칙 ·· 10쪽
○ 본문 보는 법 ·· 11쪽
○ 공룡의 시대 ·· 12쪽
○ 용어집 ·· 136쪽
○ 공룡정보 ·· 138쪽

시범경기

시범경기 1   둔클레오스테우스 vs 리드시크티스 ············ 52쪽
시범경기 2   엘라스모사우루스 vs 모사사우루스 ············ 92쪽

공룡칼럼

공룡칼럼 1   공룡은 왜 거대해졌는가? ··························· 34쪽
공룡칼럼 2   공룡의 종류 ·· 54쪽
공룡칼럼 3   공룡의 이웃들 ·· 74쪽
공룡칼럼 4   새가 된 공룡들 ·· 94쪽
공룡칼럼 5   공룡이 멸종한 이유 ································· 114쪽
공룡칼럼 6   공룡의 일생 ··· 126쪽
공룡칼럼 7   공룡 이빨과 발톱의 실제 크기 ·················· 132쪽

규칙

1 토너먼트 상대는 추첨으로 정한다.

2 대결에 적합한 일반적 크기의 개체가 출전한다.

3 체격이나 몸무게에서 한쪽 공룡이 불리해도 별다른 이점을 주지 않는다. (데이노니쿠스는 예외)

4 처음부터 싸우지 않고 도망가는 일은 없도록 한다.

5 토너먼트에 출전하는 공룡의 서식환경과 유사한 곳에서 대결을 펼친다.

6 날씨가 지나치게 나쁠 때는 대결하지 않는다.

7 대결은 낮에 벌어진다. 야행성 공룡(밤에 활동하는 공룡)도 제대로 실력을 발휘할 수 있게 한다.

8 대결 중 공룡들의 행동에 제한은 없다.

9 대결에 시간 제한은 없다. 한쪽이 싸울 수 없는 상태가 되거나 도망가면 끝난다.

10 이전 대결에서 입은 부상과 피로는 다음 대결에 영향을 주지 않는다.

대결 무대

초원이나 평지, 숲, 물속 등 공룡들의 주 생활환경을 대결 장소로 정한다. 서식지가 다른 공룡 간의 대결에서는 양쪽 모두 실력을 발휘할 수 있는 무대가 각각 준비된다.

지리적 특징을 이용해서 싸우기도 한다!

승패 결정

상대에게 더 이상 싸울 수 없을 정도로 큰 상처를 입히거나, 압도적인 실력 차 때문에 도망가게 하는 쪽이 승리한다. 목숨이 위태로울 정도로 큰 상처를 입었어도 승리 조건을 먼저 갖추면 승자가 된다.

최강 공룡왕은 누가 될 것인가!

본문 보는 법

❶ **경기 번호**: 몇 회째의 대결인지 나타낸다. ❷ **대결하는 공룡의 이름** ❸ **대결하는 공룡의 크기 비교**: 일반적인 성인 남자(170cm), 일반 승용차(가로 450cm, 높이 150cm)와 공룡의 크기를 비교한다. ❹ **정보**: 생물학적 분류(연구 결과에 따라 변할 수 있음), 생존시기(출현~멸종 시기), 서식지(사는 장소*), 몸크기(136쪽 '용어집' 참고. 본문에서는 '몸의 전체 길이'를 '몸길이'로 줄여 표기하였음), 식성(주로 먹는 것) ❺ **거미줄 도표**: 포악성, 순발력, 스피드, 방어력, 공격력, 지능, 지구력, 힘을 10단계로 평가한다(최신 고생물학 연구 결과를 바탕으로 판단). ❻ **첫 등장 시**: 공룡의 기본 생활방식과 특징, 무기 등을 설명한다. / 2회전 이후: 지난 대결에서 어떻게 싸웠는지 되짚어본다.

* '공룡'은 용반목 및 조반목에 속하는 화석동물을 말한다. 하지만 이 책에서는 공룡은 아니지만 공룡과 같은 시대를 살았던 익룡이나 수장룡 그리고 파충류도 토너먼트에 참가시켰다.

* 화석이나 연구 결과로 추론한 공룡의 서식지를 현재 지명으로 명시하였다.

싸움 장면

❼ **대결 장소**: 출전 공룡의 서식환경과 유사한 곳을 대결 장소로 정한다.
❽ **배틀 씬** ❾ **LOCK ON!**: 싸움에서 주목할 만한 장면을 확대해서 보여준다.

공룡의 시대

아직 인류가 지구에 등장하지 않았던 먼 옛날, 지구를 지배했던 것은 공룡이었다. 공룡이 살았던 시대에 관해 알아보자.

지구의 역사

지구가 탄생한 것은 약 46억 년 전으로, 그때부터 지금까지 여러 종의 생물이 탄생하고 멸종하였다. 아래 표는 지구의 탄생에서부터 현대까지 이르는 시대를 구분하고 각 시대에 벌어진 큰 사건을 정리한 것이다. 이중 공룡이 번성한 시기는 '중생대'라고 불리는 시대였다.

지질연대	하데스대	시생대		원생대			현생대									
							고생대						중생대			신생대
							캄브리아기	오르도비스기	실루리아기	데본기	석탄기	페름기	트라이아스기	쥐라기	백악기	
년 전	46억	35억	34억 27억	20억	10억	~ 6억	5.8억 5.5억	5.1억 4.8억	4.5억	4.2억	3.6억	3억	2.5억 2.2억	2억	1.45억	6천 6백만
주요사건	지구의 탄생	원핵 단세포 생물 탄생	광합성 생물 등장	진핵 생물 등장	원시 다세포 생물 탄생	에디아카라 동물군	삼엽충 등장 / 버지스 동물군	어류 등장	곤충류 등장	초기 양서류 등장	파충류 등장	포유류에 가까운 파충류 등장	공룡 등장	초기 포유류 출현 / 시조새 출현	조류 등장 / 공룡 멸종	동물 번영
						대량 멸종	생명체의 대량 증가	대량 멸종		대량 멸종		사상 최대의 대량 멸종		대량 멸종	대량 멸종	
지구환경	대기 형성	바다 형성		빙하기	태고의 대지	지구 동결		빙하기		빙하기						빙하기

▲ '년 전'의 숫자는 지금부터 몇 년 전에 그 시대가 시작되었는지를 적은 것입니다.

중생대에 들어서서

중생대는 약 2억5100만 년 전부터 약 6600만 년 전까지의 시대이다. 트라이아스기, 쥐라기, 백악기라는 3개의 시대로 이루어진다. 중생대 이전에는 고생대의 다양한 생물이 지구에서 번성하였지만, 고생대 말에 지구의 기온이 급격히 변하면서 빙하기가 되어 90% 이상의 생물이 멸종하였다(역사상 최대의 대량 멸종). 고생대 생물을 대신하여 중생대에는 악어나 거북이가 포함된 파충류와 공룡이 출현했고, 공룡이 이후 약 2억 년 동안 지구를 지배하였다.

트라이아스기　약 2억5100만~2억 년 전

3억 년 전에 대륙이 뭉쳐 '판게아 대륙'이 만들어졌다. 판게아 대륙은 지금의 북아메리카부터 유라시아, 남아메리카, 아프리카, 인도, 오스트레일리아, 남극 대륙까지, 현대의 대륙이 대부분 포함된 초대륙이었다. 트라이아스기 초기에는 파충류가 많이 살았고, 중기에는 공룡이 등장하였다. 파충류가 익룡과 어룡 등 다양한 모습으로 진화하여 땅과 바다, 하늘에서 활동하였다.

주요 사건
- 판게아 대륙 탄생
- 파충류의 다양한 진화와 공룡의 등장

쥐라기　약 2억~1억4500만 년 전

판게아 대륙이 남쪽의 곤드와나 대륙과 북쪽의 유라시아 대륙으로 분리되었다. 트라이아스기 말에 지구에 생긴 변화로 70% 이상의 생물이 멸종되었지만 공룡과 악어의 친척들은 살아남아 많은 새끼를 낳았고, 몸집도 거대해졌다. 조류의 선조인 시조새도 이 시기에 등장하였다.

■ 쥐라기의 대표 공룡
- 브라키오사우루스
- 알로사우루스

주요 사건
- 공룡의 번영과 대형화
- 조류의 선조 등장

백악기　약 1억4500만~6600만 년 전

남쪽의 곤드와나 대륙이 아프리카와 남아메리카로 분리되었고, 북쪽의 유라시아 대륙에서 북아메리카가 분리되었다(참고: 그러나 그때 분리된 각 대륙의 위치는 현재의 위치와는 완전히 달랐다). 공룡은 더욱 다양하게 진화하고 번성했지만, 백악기 말에 갑작스럽게 멸종되었다.

■ 백악기의 대표 공룡

- 티라노사우루스
- 트리케라톱스

주요 사건
- 공룡 및 파충류의 전성기
- 백악기 말에 공룡 멸종

토너먼트에 참가하는 공룡들이 살았던 시대

토너먼트에 참가하는 공룡들이 살았던 연대를 아래 표에 정리하였다. 출전한 공룡들은 각 시대의 강자 중에서 뽑힌 대표선수다. 어느 시대의 대표선수가 토너먼트에서 경쟁자를 누르고 최강 공룡왕이 될지 예상해보자.

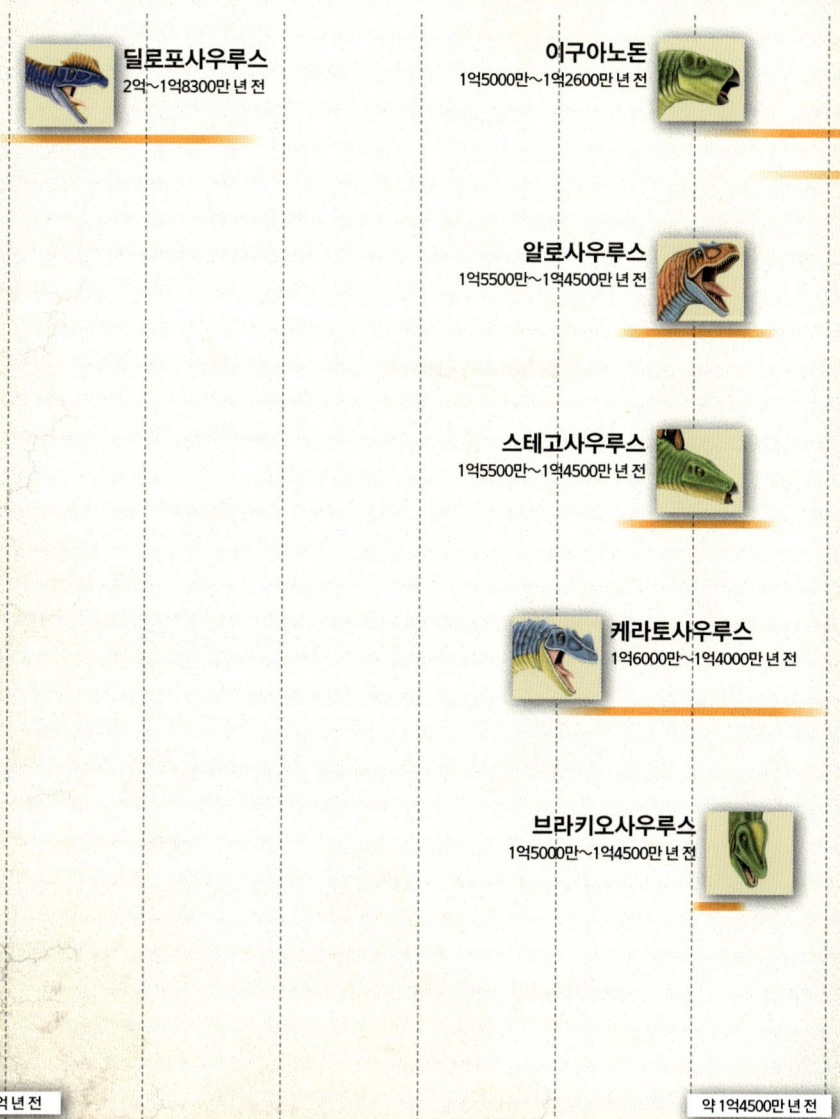

수코미무스
1억1000만~1억 년 전

카르카로돈토사우루스
1억~9300만 년 전

케찰코아틀루스
7500만~6600만 년 전

기가노토사우루스
9800만~9600만 년 전

파키케팔로사우루스
7600만~6800만 년 전

데이노니쿠스
1억4400만~9900만 년 전

펜타케라톱스
7500만~6800만 년 전

사우로펠타
1억2500만~1억 년 전

트리케라톱스
7000만~6600만 년 전

유티라누스
1억2500만 년 전

안킬로사우루스
6800만~6600만 년 전

살코수쿠스
1억1000만 년 전

암펠로사우루스
1억~6600만 년 전

아르헨티노사우루스
1억1000만~9300만 년 전

테리지노사우루스
7500만~7000만 년 전
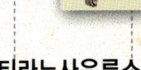

유타랍토르
1억2500만~1억2000만 년 전

티라노사우루스
7000만~6600만 년 전

스피노사우루스
9700만 년 전

약 1억 년 전   약 6600만 년 전

백악기

● 이 책의 목적은 공룡들을 서로 싸우게 하는 것이 아니라 대결을 통해 공룡의 성질과 특징을 알고, 공룡마다 어떤 능력이 뛰어난지 알아보려는 것입니다.

● 이 책에 나온 싸움 장면은 공룡들이 실제로 싸운 모습을 기록한 것이 아니라 최신 연구 결과를 바탕으로 각 공룡의 능력을 따져서 가상 대결을 벌인 내용을 수록한 것입니다. 싸움 결과는 상황에 따라 바뀔 수 있고, 공룡의 능력도 앞으로 있을 연구 결과에 따라 변할 가능성이 있습니다.

● 원래 '공룡'은 용반목, 조반목에 속하는 화석동물을 말합니다. 이 책에서는 익룡이나 수장룡 그리고 파충류처럼 공룡은 아니지만 공룡과 같은 시대를 살았던 생물들도 대결에 참가시켰습니다.

1회전-1

송곳 같은 엄지발톱
이구아노돈

- 분류 ············ 조반목 조각아목 이구아노돈과
- 생존시기 ········ 1억5000만~1억2600만 년 전
- 서식지 ·········· 유라시아 대륙, 아프리카, 북아메리카
- 몸크기 ·········· 몸길이 7~10m
- 식성 ············ 초식

날카로운 엄지발톱

앞발에 송곳처럼 날카로운 엄지발톱이 나 있던 초식공룡이다. 날카롭게 선 뾰족한 엄지발톱은 몸을 지키는 좋은 무기였다. 초식공룡인 이구아노돈은 5톤이 넘는 몸무게에 덩치가 크고 송곳 같은 엄지발톱도 있어서 육식공룡에게도 만만치 않은 상대였다.

 거대한 엄지발톱

엄지 뼈의 길이는 15cm나 되었다. 처음 엄지 뼈가 발견되었을 때 워낙 커서 많은 사람들이 뿔로 착각했을 정도였다.

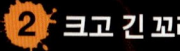 크고 긴 꼬리

걸을 때 꼬리로 몸의 균형을 잡았고 두 발로 일어설 때도 꼬리로 몸을 지탱했다. 뒤에서 공격하는 상대를 때려눕히는 무기로도 사용하였다.

상어 이빨의 사냥꾼
카르카로돈토사우루스

- 분류 ················ 용반목 수각아목 카르카로돈토사우루스과
- 생존시기 ·········· 1억~9300만 년 전
- 서식지 ············· 아프리카
- 몸크기 ············· 몸길이 10~14m
- 식성 ················ 육식

살을 도려내는 공포의 이빨

상어와 같이 이빨 가장자리가 톱니처럼 되어 있어 살을 찢고 도려내기 쉬웠다. 주로 자신보다 몸집이 큰 초식공룡을 사냥하였다. 시속 30km로 뛸 수 있는 뛰어난 운동능력을 이용해 사냥감을 뒤쫓아가 이빨로 큰 상처를 낸 후 사냥감이 피를 많이 흘려 약해질 때를 기다렸다가 쓰러뜨리는 냉정한 사냥꾼이었다.

 날카로운 이빨

상어처럼 날카로운 이빨은 육식공룡 중에서도 특별히 날카롭고 커서 사냥감의 살을 손쉽게 찢고 도려내었다.

 튼튼한 앞발

튼튼한 앞발에 3개의 날카로운 발톱이 있었다. 발톱을 사냥감의 몸에 찔러 넣어 움켜잡은 후 이빨로 깨물어 큰 상처를 입혔다.

1회전-1

대결 장소 습지

강하고 난폭한 육식공룡인 카르카로돈토사우루스를 상대로 초식공룡인 이구아노돈이 어떻게 싸울지 주목해보자.

배틀 씬 1
상대의 빈틈을 노린 이구아노돈의 공격

대형공룡 사냥에 익숙한 카르카로돈토사우루스에게 이구아노돈은 만만한 사냥감일 뿐이다. 카르카로돈토사우루스는 조심성 없이 이구아노돈에게 다가갔다가 갑작스러운 공격을 당했다. 이구아노돈의 통나무처럼 굵고 튼튼한 꼬리가 카르카로돈토사우루스의 머리를 때린 것이다!

강력한 한 방에 비틀비틀!

LOCK ON !!

굵고 단단한 꼬리
두 발로 일어설 때 몸을 지탱해주는 꼬리는 단단한 근육 덩어리다. 어떤 상대든 이 꼬리 공격을 당하면 비틀거릴 수밖에 없다.

밀어붙이는 이구아노돈

날카로운 엄지발톱
송곳처럼 날카로운 엄지 발톱은 육식공룡의 엄니 만큼 길다. 찔리면 상당히 아팠을 것이다.

LOCK ON!!

배틀 씬 2
이구아노돈의 연속공격!
선제공격에 성공한 이구아노돈은 카르카로돈토사우루스의 배에 박치기를 하고, 이어서 송곳 같은 엄지발톱으로 찌르기 공격을 하였다. 이구아노돈의 연속공격에 카르카로돈토사우루스는 힘들어 보인다.

배틀 씬 3
상황을 뒤집은 깨물기 공격
예상치 못한 공격에 카르카로돈토사우루스는 당황했지만 상처가 깊지는 않다. 카르카로돈토사우루스는 곧바로 공격 자세를 잡고 눈앞에 무방비로 노출된 이구아노돈의 목을 덥석 물었다. 날카로운 이빨이 파고들어 살을 찢고 이구아노돈에게 깊은 상처를 입혔다.

카르카로돈토사우루스의 승리!

1회전-2

악어의 입을 가진 공룡
수코미무스

- 분류 ············· 용반목 수각아목 스피노사우루스과
- 생존시기 ········· 1억1000만~1억만 년 전
- 서식지 ··········· 아프리카
- 몸크기 ··········· 몸길이 11m
- 식성 ············· 육식

물고기 사냥에 뛰어난 공룡

악어처럼 길고 뾰족한 입을 가진 육식공룡으로, 턱에는 사냥감을 찌르는 데에 알맞은 날카로운 1300여 개의 이빨이 나 있었다. 대형 육식공룡치고는 앞발이 상당히 컸으며, 앞발과 긴 입을 사용하여 주로 물고기를 잡아먹었다. 공룡 사냥을 즐기지는 않았지만, 영역에 함부로 침입한 공룡에게는 자비 없는 이빨과 발톱 공격을 퍼부었다.

 사냥감을 놓치지 않는 턱

날카로운 이빨이 입안을 향해 휘어져 있었다. 물린 사냥감이 발버둥치며 빠져나오려고 할수록 상처만 더욱 깊어졌을 것이다.

 길고 강한 앞발

큰 앞발에 3개의 갈퀴발톱이 있었다. 주로 물고기를 잡는 일에 사용했지만 아주 날카로워서 다른 공룡이나 악어의 가죽과 살도 쉽게 찢을 수 있었다.

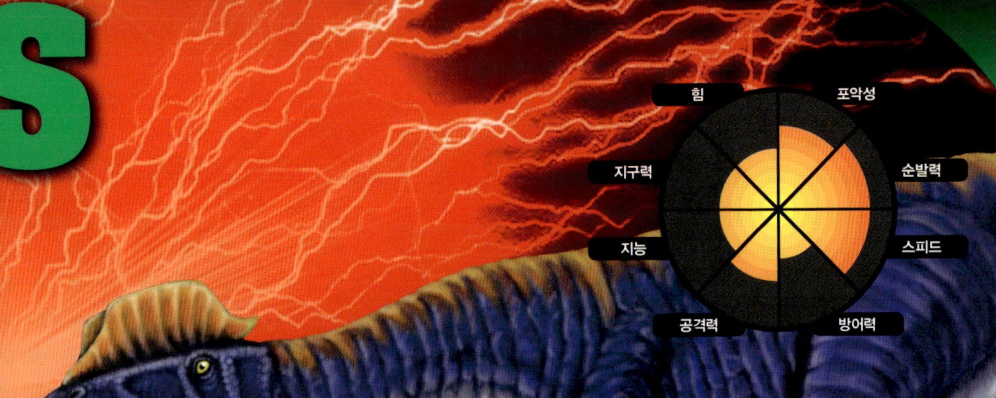

머리장식이 화려한 싸움꾼
딜로포사우루스

- 분류 ············· 용반목 수각아목 딜로포사우루스과
- 생존시기 ········ 2억~1억 8300만 년 전
- 서식지 ··········· 아시아(중국), 북아메리카
- 몸크기 ··········· 몸길이 5~7m
- 식성 ············· 육식

재빠르고 날렵한 사냥꾼

머리에 큰 볏이 있고, 몸이 날렵하며, 긴 뒷다리로 민첩하게 움직인 육식공룡이다. 입안에 빼곡하게 난 작고 날카로운 이빨로 물고기나 도마뱀과 같은 작은 동물을 잡아먹었다. 몸집이 큰 공룡을 사냥하는 경우는 거의 없었지만, 딜로포사우루스의 긴 앞다리와 앞발의 큰 갈퀴발톱, 빠른 스피드는 큰 공룡들에게도 위협적이었다.

1 공기주머니가 있는 볏
머리 위에 있는 볏에 공기를 채워서 풍선처럼 부풀릴 수 있었다. 눈앞에서 갑자기 볏을 부풀려 상대를 놀라게 하는 데에 이용했을 것이다.

2 큰 갈퀴발톱이 있는 앞발
앞발에 있는 3개의 긴 발가락 끝에는 갈퀴발톱이 크게 휘어져 있었다. 앞발을 능숙하게 움직여서 작은 동물을 잡아먹었을 것이다.

수코미무스의 물기!

배틀 씬 2
방심한 순간을 놓치지 않다

일방적인 공격이 계속되자 딜로포사우루스가 방심한 것 같다. 공격 움직임이 단조로워진 잠깐의 틈을 놓치지 않고 수코미무스가 달려들어 딜로포사우루스의 목을 깨문다.

벗어날 수 없는 이빨
수코미무스의 날카로운 이빨은 입 안쪽으로 비스듬히 나 있어서 한번 물리면 벗어날 수 없다.

◀ LOCK ON !! ▶

배틀 씬 3
끌려가는 딜로포사우루스

힘이 센 수코미무스가 딜로포사우루스의 목을 문 채 물속으로 끌고 간다. 딜로포사우루스는 필사적으로 발버둥 치지만 수코미무스의 이빨에서 벗어날 수 없다. 딜로포사우루스의 패배가 보인다.

수코미무스의 승리!

1회전-3

작고 영악한 사냥꾼
데이노니쿠스

- 분류 ·············· 용반목 수각아목 드로마에오사우루스과
- 생존시기 ········· 1억4400만~9900만 년 전
- 서식지 ············ 북아메리카
- 몸크기 ············ 몸길이 2.5~4m
- 식성 ··············· 육식

큰 사냥감을 노린 갈퀴발톱

몸집은 작지만 긴 팔과 다리 그리고 거대한 갈퀴발톱을 가졌던 육식공룡이다. '무서운 발톱'이라는 뜻의 이름처럼 뒷발 발가락에 거대한 갈퀴발톱이 있었다. 평소에는 땅에 갈퀴발톱이 닿지 않게 위로 세우고 있다가 사냥할 때는 아래로 내려 사냥감의 몸을 찔렀다. 무리를 이루어 생활하고, 오늘날의 늑대처럼 동료와 협력하여 몸집이 큰 사냥감을 쓰러뜨린 뛰어난 사냥꾼이었다.

무서운 뒷다리 발톱

뒷다리의 발톱은 길이가 15cm나 되었고 끝이 날카로웠다. 한번 찔리면 깊은 상처를 입었다.

팀플레이를 하는 높은 지능

몸에 비해 뇌가 컸던 것으로 볼 때 지능이 높았을 것으로 추정된다. 동료들과 함께 협력해 사냥을 효율적으로 하였다.

S

역사상 가장 큰 하늘의 왕
케찰코아틀루스

- 분류 .... 익룡목 아즈다르코과
- 생존시기 .... 7500만~6600만 년 전
- 서식지 .... 북아메리카
- 몸크기 .... 날개 길이 11m
- 식성 .... 육식

고대 하늘을 지배한 거대 익룡

하늘을 나는 동물 중에서 역사상 가장 큰 몸집을 자랑하는 익룡으로, 땅에 내려와 앉았을 때의 키는 기린만큼 컸다. 행글라이더처럼 커다란 날개로 상승기류를 타고 날며 물고기나 작은 동물과 같은 사냥감을 찾았다. 빠르게 활공하며 하늘에서 쫓아오는 케찰코아틀루스로부터 도망칠 수 있는 사냥감은 없었다.

1 사냥감을 잡는 긴 부리
1m가 넘는 긴 부리를 가지고 있었다. 이 부리로 하늘에서 내려오면서 물고기를 잡거나 땅 위를 걸을 때 사냥감을 쪼았다.

2 가벼운 몸
큰 몸집에 비해 몸무게는 성인 남성과 비슷한 70kg 정도였다. 몸무게가 가벼운 이유는 뼛속에 공간이 많기 때문이다.

1회전-3

대결 장소 돌밭

몸집은 케찰코아틀루스가 훨씬 크지만 데이노니쿠스는 지능이 높고 영악한 사냥꾼이다. 이 대결에서 누가 승리를 가져갈까?

배틀 씬 1
하늘로부터의 위협적인 공격

하늘 높이 날던 케찰코아틀루스가 데이노니쿠스 세 마리를 발견하였다. 그중 한 마리를 먹잇감으로 삼은 케찰코아틀루스가 빠르게 내려와 긴 부리로 물려고 한다. 데이노니쿠스는 갑작스러운 공격을 받고 깜짝 놀랐지만, 세 마리 모두 각기 다른 방향으로 민첩하게 피했다.

압도적인 존재감의 케찰코아틀루스

LOCK ON!!

길고 큰 부리
케찰코아틀루스의 부리는 길고 크다. 몸집이 작은 데이노니쿠스 따위 한 입에 삼킬 수 있다.

배틀 씬 2
데이노니쿠스들의 작전

케찰코아틀루스가 땅으로 내려와 사냥감인 데이노니쿠스를 부리로 쪼며 공격하였다. 그동안 다른 두 마리의 데이노니쿠스는 케찰코아틀루스를 에워싼다.

함정에 빠진 케찰코아틀루스

배틀 씬 3
데이노니쿠스의 합동 공격!

케찰코아틀루스를 둘러싼 세 마리의 데이노니쿠스가 일제히 공격을 퍼붓는다. 한 마리는 목을 물어뜯고 다른 한 마리는 날개를 공격한다. 나머지 한 마리는 케찰코아틀루스의 정면에서 결정타를 날릴 기회를 노린다.

데이노니쿠스의 영리함
데이노니쿠스 한 마리가 상대의 주의를 끄는 동안 다른 동료들이 공격 기회를 만든다. 동료와의 협력이 체구가 큰 상대와 싸워 이기는 필승 작전이다.

데이노니쿠스의 승리!

1회전-4

최고의 돌머리
파키케팔로사우루스

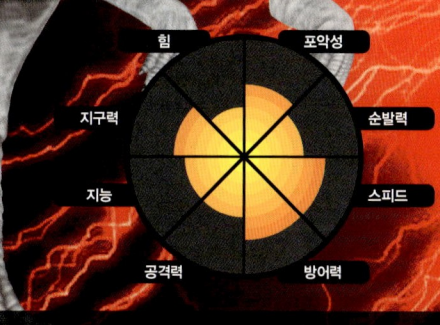

- 분류 ············· 조반목 주식두아목 파키케팔로사우루스과
- 생존시기 ········ 7600만~6800만 년 전
- 서식지 ··········· 북아메리카
- 몸크기 ··········· 몸길이 4~7m
- 식성 ·············· 초식

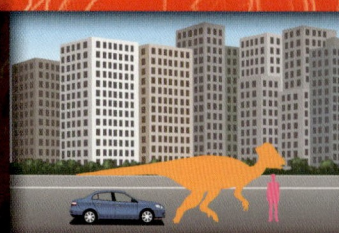

돌처럼 단단한 머리가 무기

공사장에서 쓰는 안전모와 같이 단단한 머리를 가졌던 공룡이다. 후두류 공룡 중에서는 몸집이 가장 큰 편이었다. 싸울 때뿐 아니라 동료와 힘겨루기를 하거나 흰 개미집 기둥을 부술 때도 머리를 사용하였다. 돌진해 박치기하는 공격패턴은 단순하지만 대형 육식공룡의 뼈도 부러뜨릴 만큼 강력하였다.

 두껍고 단단한 머리뼈

튀어나온 머리뼈의 두께는 최대 30cm 이상으로 엄청나게 단단했다. 머리는 무기이기도 하지만, 암컷을 유혹하기 위해서도 사용되었다.

 빠른 스피드

몸집은 크지만 다리가 길고 날렵해서 빠르게 뛸 수 있었다. 뛰어서 도망가는 파키케팔로사우루스를 쫓아가 잡는 것은 어려운 일이었을 것이다.

수많은 뿔로 무장한 전사

펜타케라톱스

- 분류 ················ 조반목 주식두아목 케라톱스과
- 생존시기 ············ 7500만~6800만 년 전
- 서식지 ·············· 북아메리카
- 몸크기 ·············· 몸길이 7~8m
- 식성 ················ 초식

공격과 방어를 책임진 뿔

머리가 매우 컸던 각룡류 공룡이다. 펜타케라톱스란 이름은 '5개의 뿔이 달린 얼굴'이란 뜻으로, 뿔이 코 위에 1개, 눈 위에 1개씩, 얼굴 좌우에 각각 1개가 있었다. 이 외에도 머리 뒤 목 주름장식에도 뿔이 많이 나 있었다. 눈 위에 난 긴 뿔로 적을 찌르고 얼굴 좌우와 목 주름장식에 있는 뿔로 목을 보호해, 공격력과 방어력이 뛰어난 공룡이었다.

1 주 무기인 긴 뿔

몸에 있는 많은 뿔 중 가장 긴 것이 눈 위의 뿔이다. 대형 육식공룡이 공격하면 긴 뿔로 상대의 배를 찔러서 물리쳤다.

2 큰 목 주름장식

각룡류 공룡 중에서도 특별히 큰 목 주름장식은 육식공룡의 공격으로부터 목 부위를 보호하고 상대를 위협하는 효과가 있었다.

1회전-4

대결 장소: **초원**

돌처럼 단단한 머리를 자랑하는 파키케팔로사우루스와 큰 뿔이 특징인 펜타케라톱스의 대결이다! 어느 무기가 더 강할까?

배틀 씬 1

힘겨루기로 대결 시작

상대의 힘을 알아보기 위해 서로 머리를 맞대고 밀기 시작하였다. 한 치의 양보도 없이 힘겨루기가 진행되는 가운데 펜타케라톱스보다 몸집이 작은 파키케팔로사우루스가 점점 밀리는 모양새다.

머리로 미는 힘겨루기가 계속되다!

LOCK ON!!

막강한 돌머리
두께가 30cm나 되는 머리뼈는 단단한 돌과 같고 크고 작은 가시까지 나 있어서 위험한 무기다.

배틀 씬 2
파키케팔로사우루스의 돌진

힘에서 밀리는 것을 깨달은 파키케팔로사우루스는 일단 뒤로 물러섰다가 곧바로 펜타케라톱스에게 있는 힘껏 돌진하였다. 최대 무기인 박치기로 승부를 내려는 속셈이다.

돌격 박치기!

파괴력을 높이는 자세
머리와 허리, 꼬리가 일직선이 되게 자세를 잡아 돌진하면 몸 전체의 힘이 머리에 모여 강력한 박치기를 할 수 있다.

배틀 씬 3
강력한 되받아치기

펜타케라톱스는 머리를 숙이고, 돌진해오는 파키케팔로사우루스를 기다렸다가 부딪치는 순간 머리를 힘껏 올렸다. 어퍼컷으로 되받아치기 공격을 당한 파키케팔로사우루스는 목을 심하게 다쳐 그 자리에 쓰러졌다.

펜타케라톱스의 승리!

칼럼 1

공룡은 왜 거대해졌는가?

오늘날 땅에서 사는 동물 중 몸집이 가장 큰 동물은 아프리카코끼리다. 하지만 공룡 중에는 아프리카코끼리보다 몸집이 훨씬 더 큰 공룡이 많았다. 공룡의 몸이 그토록 거대해진 이유가 무엇이었을지 살펴보자.

이유 ❶ 호흡기관의 비밀

동물이 숨 쉬고 살기 위해서는 호흡해야 한다. '호흡'은 코나 입으로 산소를 들이켜 폐에 산소를 보낸 후 폐를 둘러싼 모세혈관을 통해 산소를 흡수하여 피 속의 이산화탄소를 내뱉는 과정이다. 몸집이 클수록 산소가 더 많이 필요한데, 공룡은 많은 산소를 효율적으로 흡수할 수 있는 호흡기관인 '기낭'을 가진 덕분에 몸집을 거대하게 키울 수 있었다. 오늘날은 새들이 공룡처럼 기낭을 가지고 있다.

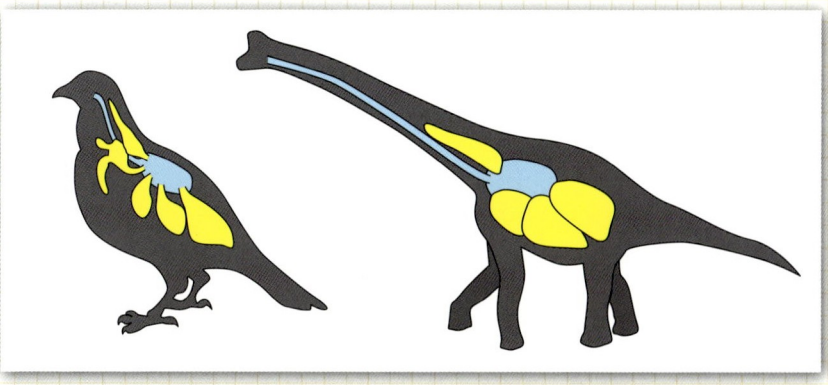

▲ 푸른색 주머니처럼 생긴 기관이 기낭이다. 새도 공룡처럼 기낭이 있다. 새는 기낭에 산소를 많이 넣어 몸을 가볍게 하고, 기낭으로 많은 산소를 흡수해 하늘을 나는 에너지로 쓴다.

이유 ❷ 성장 속도와 한계

대형공룡의 새끼라도 갓 태어났을 때의 몸길이는 50cm 이하였다. 그러나 공룡의 성장 속도는 엄청나게 빨라서, 티라노사우루스와 같은 경우 한창 성장기 때는 1년 만에 몸무게가 700kg이나 늘었다고 한다. 또 공룡은 나이를 많이 먹어도 성장이 멈추지 않고 조금씩 계속 자랐다.

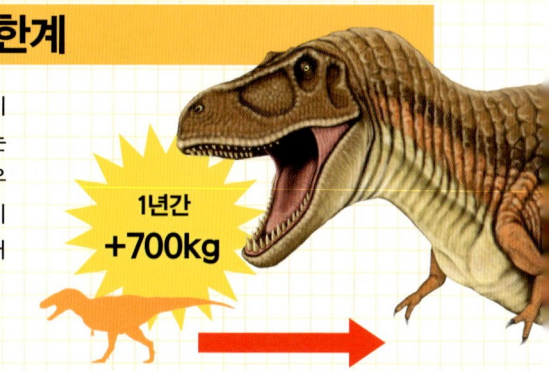

1년간 +700kg

이유 ❸ 풍부한 먹이

공룡이 살았던 시대에는 공기 중에 이산화탄소가 현재보다 6배 더 많았다. 식물은 햇빛을 받으면서 이산화탄소를 흡수하고 산소를 내뿜는 광합성을 하며 성장하는데, 공룡시대에는 식물이 이산화탄소를 많이 흡수할 수 있었기 때문에 땅에 매우 많은 식물이 자라고 있었다. 먹을 수 있는 식물이 풍부해지면서 초식공룡은 더 많이 먹어서 몸집이 커졌고, 이에 따라 초식공룡을 잡아먹는 육식공룡의 체격도 더욱 크게 발달하였다. 또한 몸집이 크면 상대가 공격하기 어렵고, 힘센 사냥감을 쓰러뜨릴 때도 유리하기 때문에 공룡들은 거대한 몸집으로 진화하였다.

혹시 지금 공룡이 나타난다면?

아래 그림은 현재의 도시에 공룡이 나타났을 경우를 상상하여 그린 것이다. 티라노사우루스의 몸길이는 13m 정도이고 일어서서 걸을 때의 몸높이는 약 5m로 건물의 2층 높이다. 이 말은, 티라노사우루스가 머리를 들면 건물 2층 창문으로 안을 쉽게 들여다볼 수 있다는 뜻이므로, 도시에 나타난 공룡을 구경하려면 3층 건물 이상의 높은 곳에서 내려다보는 것이 안전하다.

▼ 빌딩만한 크기의 아르헨티노사우루스가 나타나면 간담이 서늘해지지 않을까?

1회전-5

쥐라기의 먹깨비
알로사우루스

- **분류** ·········· 용반목 수각아목 알로사우루스과
- **생존시기** ······ 1억5500만~1억4500만 년 전
- **서식지** ········ 북아메리카
- **몸크기** ········ 몸길이 7~12m
- **식성** ·········· 육식

투지 넘치는 육식공룡

쥐라기를 대표하는 대형 육식공룡이다. 날렵한 몸에 발이 빠르며, 무리를 이루어 사냥하였다. 최대 무기는 날카로운 엄니로, 입을 크게 벌려 엄니를 드러내 사냥감의 몸을 내려찍고 가죽과 살을 베어냈다. 쥐라기의 많은 공룡화석에서 알로사우루스의 공격 흔적을 찾을 수 있는 것으로 보아, 알로사우루스는 다양한 공룡을 사냥한 대식가였다는 것을 알 수 있다.

 **살을 베어내는 엄니**

가장 긴 엄니는 10cm 정도로, 사냥할 때 입을 크게 벌려 엄니로 사냥감의 몸을 찍고 살을 베어냈다.

 추격을 잘하는 빠른 발

날씬하고 가벼운 몸에 강한 다리를 가지고 있어서 시속 50km로 빠르게 달릴 수 있었다. 또 헤엄도 잘 쳤다.

강력한 삼지창
트리케라톱스

- 분류 ············· 조반목 주식두아목 케라톱스과
- 생존시기 ········· 7000만~6600만 년 전
- 서식지 ··········· 북아메리카
- 몸크기 ··········· 몸길이 8~9m
- 식성 ············· 초식

육식공룡도 무서워한 전사

각룡류 공룡 중 가장 큰 몸집을 자랑한다. 코 위에 한 개의 짧은 뿔, 눈 위에 두 개의 긴 뿔이 있었다. 평소에는 들소나 코뿔소처럼 동료들과 뿔을 부딪치며 난폭한 힘겨루기를 하였고, 육식공룡에게 공격을 받을 때는 강한 뿔로 상대를 제압하였다. 겁 없이 용감한 트리케라톱스는 육식공룡도 무서워한 초식공룡이다.

 몸을 꿰뚫는 긴 뿔

눈 위쪽에 난 뿔 중에서 가장 긴 것은 1.8m나 되었다. 그 긴 뿔은 대형 육식공룡의 배를 꿰뚫을 수 있는 높이에 있어서 위협적인 무기였다.

 단단한 부리

앵무새 부리처럼 휘어진 트리케라톱스의 부리는 깨무는 힘이 강했다. 싸울 때 상대의 살점을 뜯어낼 정도였을 것이다.

엄니로 공격하다

시간이 지나자 초조해진 알로사우루스는 트리케라톱스의 뒤를 공격할 계획을 버리고 뿔에 찔리지 않게 조심하면서 상대에게 다가간다. 트리케라톱스가 휘두르는 뿔을 아슬아슬하게 피해 트리케라톱스 옆으로 접근해 마침내 얼굴을 물었다.

민첩한 움직임
알로사우루스는 날렵한 몸과 빠른 발로 상대의 빈틈을 잘 파고든다.

상대의 얼굴을 찢은 알로사우루스의 엄니!

배틀 씬 3
트리케라톱스의 뿔 공격

트리케라톱스의 얼굴에서 피가 나지만 큰 상처는 아니다. 트리케라톱스는 머리를 휘둘러 알로사우루스를 밀친 후 균형을 잃고 비틀거리는 알로사우루스의 배를 뿔로 찔렀다!

트리케라톱스의 승리!

1회전-6

남아메리카의 난폭왕

기가노토사우루스

- **분류** ·············· 용반목 수각아목 카르카로돈토사우루스과
- **생존시기** ········ 9800만~9600만 년 전
- **서식지** ············ 남아메리카
- **몸크기** ············ 몸길이 12~14m
- **식성** ················ 육식

거대 공룡을 노린 사냥꾼

남아메리카에서 발견된 육식공룡 중 몸집이 가장 크고, 시속 40km 정도로 빠르게 달렸다. 무리를 지어 다니며 날카로운 엄니를 사용해 거대한 몸집의 용각류 공룡을 주로 사냥하였다. 남아메리카에서는 대항할 맞수가 없었던 최강의 포식자였다.

 얇고 날카로운 엄니

비슷한 몸집의 육식공룡에 비하면 엄니가 짧고 과일 깎는 칼처럼 얇으면서 날카로웠다. 씹고 부수는 게 아니라 살을 베고 찢는 데에 알맞았다.

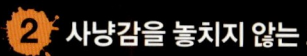 **사냥감을 놓치지 않는 코**

코로 냄새 맡는 능력이 뛰어나서 멀리 있거나 숨어 있는 사냥감도 냄새로 찾아낸 사냥꾼이었다.

쌍칼을 든 갑옷 병사
사우로펠타

- **분류** ·············· 조반목 장순아목 노도사우루스과
- **생존시기** ·········· 1억2500만~1억 년 전
- **서식지** ············ 북아메리카
- **몸크기** ············ 몸길이 5~6m
- **식성** ·············· 초식

방어력이 뛰어난 갑옷과 뿔

작은 판 모양의 뼈가 갑옷처럼 등을 덮고 있었다. 비교적 약한 부위라고 할 수 있는 목 둘레에도 뿔이 여러 개 있어서 웬만한 공격은 통하지 않았다. 어깨에 자란 긴 뿔로 육식공룡을 위협하고 쫓아냈다. '도마뱀의 방패'라는 이름대로 대형 육식공룡의 공격을 사우로펠타는 효과적으로 막아냈다.

1 위협적인 거대한 뿔

어깨에 자란 뿔은 유달리 크고 길었다. 찔리면 깊은 상처를 입을 수 있었기에 이 뿔은 다른 공룡들에게는 매우 위협적인 무기였다.

2 위에서의 공격을 막는 갑옷

등을 덮은 단단한 갑옷이 육식공룡의 발톱이나 엄니 공격을 막아냈다. 어깨의 긴 뿔을 피해 뒤를 공격해도 뼈로 이루어진 갑옷 때문에 공격이 제대로 들어가지 않았을 것이다.

배틀 씬 2
효과적이지 않은 깨물기 공격

기가노토사우루스가 갑작스럽게 다가가 사우로펠타의 목을 덥석 물었다. 목을 보호하는 뿔과 갑옷 때문에 기가노토사우루스의 깨물기 공격이 사우로펠타에게 큰 상처를 입히지는 않는다.

엄니의 특성
기가노토사우루스의 엄니는 살을 찢는 데에 알맞다. 단단한 갑옷을 깨물어 부수기는 어렵다.

LOCK ON!!

배틀 씬 3
힘으로 밀어붙이기

기가노토사우루스는 사우로펠타의 목을 문 채 질질 끌고 다니면서 이리저리 흔들다가 마침내 사우로펠타의 몸을 뒤집었다. 갑옷이 감싸지 않는 부드러운 배를 드러낸 사우로펠타가 몸을 지킬 방법은 없다.

기가노토사우루스의 승리!

1회전-7

화려하게 단장한 악당
유티라누스

- **분류** ············· 용반목 수각아목 티라노사우루스상과
- **생존시기** ········· 1억2500만 년 전
- **서식지** ············· 아시아(중국)
- **몸크기** ············· 몸길이 9m
- **식성** ··············· 육식

깃털 옷을 입은 악당

티라노사우루스의 가까운 친척으로, 깃털이 몸 전체를 덮고 있었던 육식공룡이다. 난폭한 성격에 크고 튼튼한 턱과 엄니 그리고 힘센 앞발과 갈퀴발톱을 가지고 있었던 유티라누스는 '깃털 달린 폭군'이라는 이름의 뜻처럼 그 시대를 주름잡던 최고의 악당이다.

 체온 유지와 뛰어난 활동력

깃털 덕분에 체온이 잘 보존되어서 추울 때도 몸이 얼지 않아 움직임이 둔해지지 않고 뛰어난 운동능력을 보여줄 수 있었다.

 앞발의 튼튼한 갈퀴발톱

티라노사우루스의 친척들은 앞발이 작은 경우가 많았지만, 유티라누스는 긴 앞발과 튼튼한 갈퀴발톱을 가지고 있었다. 앞발의 튼튼한 갈퀴발톱으로 사냥감을 잡아 찢었다.

S

망치를 휘두르는 갑옷 기사
안킬로사우루스

- 분류 ⋯⋯⋯⋯ 조반목 장순아목 안킬로사우루스과
- 생존시기 ⋯⋯ 6800만~6600만 년 전
- 서식지 ⋯⋯⋯ 북아메리카
- 몸크기 ⋯⋯⋯ 몸길이 6~10m
- 식성 ⋯⋯⋯⋯ 초식

철벽 방어와 강력한 역습

목에서부터 꼬리까지, 등의 넓은 범위를 판 모양의 뼈들이 갑옷처럼 덮은 갑옷공룡류 중 몸집이 가장 컸다. 머리뼈도 튼튼해서 방어력이 가장 높은 공룡 중 하나였다. 꼬리 끝에 달린 뼈로 된 큰 혹은 육식공룡을 공격하는 무기였다. 단단한 갑옷으로 방어하고 뼈로 된 망치로 후려치는 치밀한 공격 기술에 빈틈은 없었다!

 뼈로 된 거대한 망치

꼬리 끝에 두 개의 뼈가 뭉쳐져 있었는데 그 모습이 마치 거대한 망치 같았다. 뼈로 된 거대한 망치로 육식공룡의 턱이나 다리뼈도 부술 수 있었다.

 가벼운 갑옷

등을 덮은 뼈로 된 갑옷 속은 비어 있어서 몸이 가벼웠고 빠르게 움직일 수 있었다.

1회전-7

대결 장소 숲

갑옷공룡류 중 몸집이 가장 큰 안킬로사우루스의 견고한 방어를 육식공룡인 유티라누스는 어떻게 뚫을까?

배틀 씬 1
서로 노려보며 상대를 관찰하다

단단해 보이는 안킬로사우루스의 갑옷을 본 유티라누스는 신중하게 상대의 약점을 찾는다. 안킬로사우루스는 꼬리 끝에 있는 망치를 쳐들고 유티라누스를 노려본다. 두 공룡 사이에 팽팽한 긴장감이 돈다.

처음 보는 상대를 서로 경계하다!

LOCK ON !!

뼈로 된 망치
꼬리 끝에 있는 뼈로 된 큰 망치가 안킬로사우루스의 주 무기로, 한 방에 상대의 뼈를 부술 정도의 위력을 자랑한다.

배틀 씬 2
목을 노리는 유티라누스

선제공격을 한 쪽은 유티라누스다. 안킬로사우루스 옆으로 뛰어들어 뒷발의 갈퀴발톱으로 안킬로사우루스의 등을 찍어 눌렀다. 못 움직이게 내리누른 후 이제 목을 물려고 한다.

LOCK ON!!

강한 턱 힘
갑옷으로 덮인 안킬로사우루스의 목을 계속 물고 늘어져 숨을 못 쉬게 하거나 목을 비틀어 꺾으면 이길 수 있다.

배틀 씬 3
강력한 망치 공격 한 방

목을 물리기 직전에 안킬로사우루스가 몸을 흔들어 등을 누르고 있는 유티라누스의 발밑에서 빠져나왔다. 유티라누스가 자세를 바로잡을 새도 없이 안킬로사우루스는 꼬리 끝에 달린 망치를 휘둘러 상대의 다리뼈를 부러뜨렸다!

안킬로사우루스의 승리!

1회전-8

거대한 갑옷 전사
암펠로사우루스

- 분류 ············· 용반목 용각아목 암펠로사우루스과
- 생존시기 ········· 1억~6600만 년 전
- 서식지 ··········· 유럽
- 몸크기 ··········· 몸길이 15~18m
- 식성 ············· 초식

판 모양의 뼈와 가시로 된 갑옷

거대한 몸이 주 무기였던 용각류 공룡 중에서 암펠로사우루스는 체격이 그리 큰 편은 아니었다. 몸집은 크지 않았지만, 등을 중심으로 판 모양의 뼈들과 많은 가시가 나서 단단한 갑옷처럼 몸을 보호하였다. 긴 꼬리를 이용한 때리기와 두꺼운 발을 사용한 짓밟기 공격도 육식공룡들에게 위협적이었을 것이다.

 높은 방어력과 인내심
판 모양의 뼈와 가시로 덮인 등은 육식공룡의 강한 발톱과 엄니로도 뚫기 힘든 튼튼한 갑옷이었다. 상대가 공격하다 지칠 때를 기다려서 반격의 기회를 노렸다.

 긴 채찍과도 같은 꼬리
몸길이의 3분의 1이 넘는 긴 꼬리는 채찍처럼 유연했고 파괴력이 컸다. 꼬리 공격은 육식공룡을 쓰러뜨릴 정도로 강력했다.

태고의 거대 악어
살코수쿠스

- 분류 ·············· 악어목 폴리도사우루스과
- 생존시기 ········ 1억1000만 년 전
- 서식지 ············ 아프리카
- 몸크기 ············ 몸길이 10~12m
- 식성 ·············· 육식

공룡을 먹는 대식가

악어의 친척 중에서 역사상 가장 몸집이 컸다. 머리 크기만 따져도 1.6m나 되어서 작은 공룡은 한입에 삼킬 정도였다. 주로 물고기를 사냥했지만, 물가에 온 대형 육식공룡도 공격해서 물속으로 끌고 가 먹을 만큼 왕성한 식욕을 자랑하였다.

 100개가 넘는 이빨

긴 턱을 따라 이빨이 100개 넘게 나 있었다. 오늘날 악어처럼 깨무는 힘이 강해서 한번 문 먹잇감을 놓치는 일이 없었다.

 코끼리만큼 큰 몸집과 힘

몸통이 두껍고, 몸무게는 8톤 정도로 오늘날 아프리카 코끼리와 비슷했다. 그 무겁고 큰 몸에서 나오는 힘으로 거대 공룡도 물속으로 쉽게 끌고 들어갔다.

1회전-8

대결 장소 물가

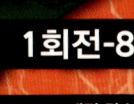

거대한 갑옷 전사 암펠로사우루스와 거대한 악어 살코수쿠스의 대결이다. 둘 다 힘센 사냥꾼이기 때문에 박력 넘치는 싸움이 기대된다.

배틀 씬 1
강력한 꼬리 공격

물속에서 몸을 숨기고 공격 기회를 노리던 살코수쿠스가 등에 예상치 못한 공격을 받았다. 암펠로사우루스가 긴 꼬리에 엄청난 힘을 실어서 살코수쿠스의 등을 내리친 것이다! 어마어마한 아픔에 살코수쿠스는 움직이지 못하는 것 같다.

꼬리로 등을 공격하는 암펠로사우루스

LOCK ON !!

강력한 꼬리 공격
두껍고 무거운 꼬리로 내리치는 공격의 파괴력은 엄청나다. 작은 공룡 정도는 한 방에 때려 눕힐 수 있다.

LOCK ON !!

시범경기 1

둔클레오스테우스
vs
리드시크티스

아직 공룡이 나타나기 전 먼 옛날, 바다를 지배한 왕은 둔클레오스테우스였다. 그러나 새로운 시대가 되어 둔클레오스테우스보다 몸집이 크고 헤엄도 더 잘 치는 거대 물고기 리드시크티스가 등장하였다. 둔클레오스테우스는 강한 턱 힘으로 상대를 제압하고자 덤볐지만 제대로 물지도 못하고, 오히려 리드시크티스의 꼬리지느러미에 방어가 약한 몸통을 얻어맞아 큰 타격을 입었다.

역사상 가장 큰 물고기
리드시크티스

- 분류 ··············· 파키콤목 파키콤과
- 생존시기 ··········· 1억6500만~1억5500만 년 전
- 서식지 ············· 유럽
- 몸크기 ············· 몸길이 14~17m

고래만큼 큰 몸집과 힘

몸 일부만 화석으로 발견되어서 정확한 몸의 크기를 알 수 없지만, 몸길이가 대략 16m였을 것으로 추정된다. 최대 몸길이를 28m로 예상하는 연구자도 있다. 바닷속의 작은 생물을 입으로 빨아들여서 먹는 얌전한 물고기였지만, 큰 덩치가 뿜어내는 힘이 엄청났기 때문에 한번 날뛰기 시작하면 아무도 막을 수 없었을 것이다.

바다의 제왕이 되기 위한 거대 물고기들의 대결!

최강의 턱 힘을 가진 육식성 물고기

뼈로 된 갑옷을 머리부터 가슴까지 두른 판피어류 물고기로, 그중에서 몸집이 가장 컸다. 깨무는 턱 힘이 역사상 가장 강했던 물고기로, 바다전갈처럼 딱딱한 갑옷 몸을 가진 사냥감도 간단히 깨물어 먹었다.

- 힘
- 포악성
- 순발력
- 스피드
- 방어력
- 공격력
- 지능
- 지구력

태고의 바다를 지배한 왕
둔클레오스테우스

- 분류 ········· 절경목 디니크티데과
- 생존시기 ······ 3억6000만 년 전
- 서식지 ········ 아프리카, 북아메리카
- 몸크기 ········ 몸길이 5~9m

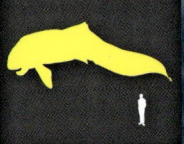

리드시크티스의 승리!

칼럼 2

공룡의 종류

지금까지 발견된 공룡은 800종류 이상으로, 매년 새로운 종류의 공룡이 발견되고 있다. 공룡의 종류와 분류 기준에 관해 알아보자.

골반 형태로 분류

공룡을 분류할 때 첫 번째 기준은 골반이다. 공룡은 골반 형태에 따라서 두 그룹으로 나뉜다. 공룡의 골반은 장골, 좌골, 치골이라는 3개의 뼈로 이루어지는데, 좌골과 치골이 'ㅅ'자 모양으로 벌어진 공룡을 '용반목'이라 부르고, 치골과 좌골이 나란히 붙은 공룡을 '조반목'이라고 한다. 용반목을 용반류로, 조반목을 조반류라고 부르기도 한다. ※용반목과 조후각목으로 분류하는 새로운 학설이 주목받고 있지만, 이 책에서는 용반목과 조반목으로 분류하는 기존 학설을 소개한다.

용반목

일부 초식공룡 그리고 육식공룡이 용반목에 속한다. 현대의 동물 중에는 도마뱀과 같은 파충류가 비슷한 골반을 가지고 있다.

예: 티라노사우루스

- 장골
- 좌골
- 치골

조반목

초식공룡 대부분이 조반목에 속한다. 현대의 동물 중에는 새가 비슷한 골반을 가지고 있다(참고: 새의 조상은 용반목이다).

예: 이구아노돈

- 장골
- 좌골
- 치골

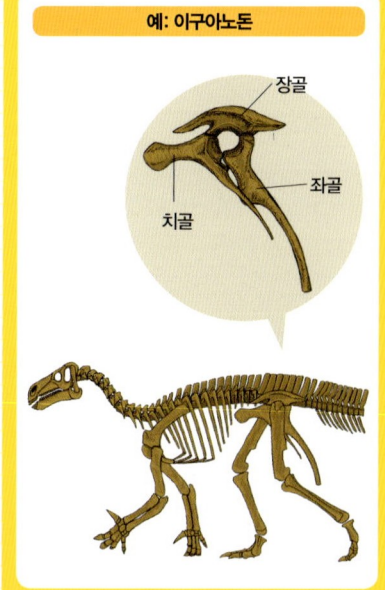

더욱 상세한 분류

골반 형태에 따라 두 그룹으로 분류한 공룡 그룹을 골격과 체격 특징에 따라 5개의 그룹으로 분류할 수도 있다. 용반목은 수각아목과 용각아목으로, 조반목은 장순아목과 주식두아목 그리고 조각아목으로 분류된다. 각 그룹에 속한 공룡의 특징을 살펴보자.

용반목	수각아목(수각류)
	용각아목(용각류)
조반목	장순아목(검룡류, 갑옷공룡류)
	주식두아목(각룡류, 후두류)
	조각아목(조각류)

수각아목

현재까지 발견된 모든 육식공룡과 소수의 초식공룡이 수각아목 그룹에 속한다. 일반적인 수각아목 공룡은 뒷다리로 서서 두 발로 다녔지만(이족보행), 스피노사우루스와 같이 네 발로 움직인(사족보행) 공룡도 있었다.

대표 공룡

티라노사우루스, 데이노니쿠스, 스피노사우루스

예: 티라노사우루스

용각아목

이 그룹에 속한 대부분의 공룡은 몸집이 거대했고 목과 꼬리가 길었다. '뇌룡'이라고도 불린다. 사족보행을 하는 것이 일반적인 특징이지만, 용각아목이 지구에 나타난 초기에는 뒷발로 서서 이족보행을 하는 공룡도 있었다.

대표 공룡

브라키오사우루스, 암펠로사우루스, 아르헨티노사우루스

예: 브라키오사우루스

칼럼 2

장순아목

무수히 많은 가시와 뼈를 몸에 두른 '검룡' 그룹과 '갑옷공룡' 그룹이 장순아목에 속한다. 대부분 꼬리 끝에 달린 길고 뾰족한 가시나 뼈로 된 단단한 혹을 무기로 썼고, 사족보행을 하였다.

대표 공룡

스테고사우루스, 사우로펠타, 안킬로사우루스

예: 스테고사우루스

주식두아목

머리에 긴 뿔을 가진 '각룡' 그룹과 두꺼운 머리뼈에 가시가 난 '후두류' 그룹이 주식두아목에 속한다. 각룡 그룹의 공룡은 대부분 사족보행을 했고, 후두류 그룹의 공룡은 거의 이족보행을 했다. 각룡 그룹이 지구에 막 등장했을 때는 뿔이 없는 각룡도 있었다.

대표 공룡

트리케라톱스, 펜타케라톱스, 파키케팔로사우루스

예: 트리케라톱스

조각아목

볏이나 등지느러미를 가진 공룡도 있지만, 조각아목 그룹에 속한 공룡은 전체적으로 봤을 때 별다른 특징이 없다. 대부분 필요에 따라 이족보행 또는 사족보행을 하였다. 공룡 중에서 가장 넓은 지역에 분포해서 살았다.

대표 공룡

이구아노돈

예: 이구아노돈

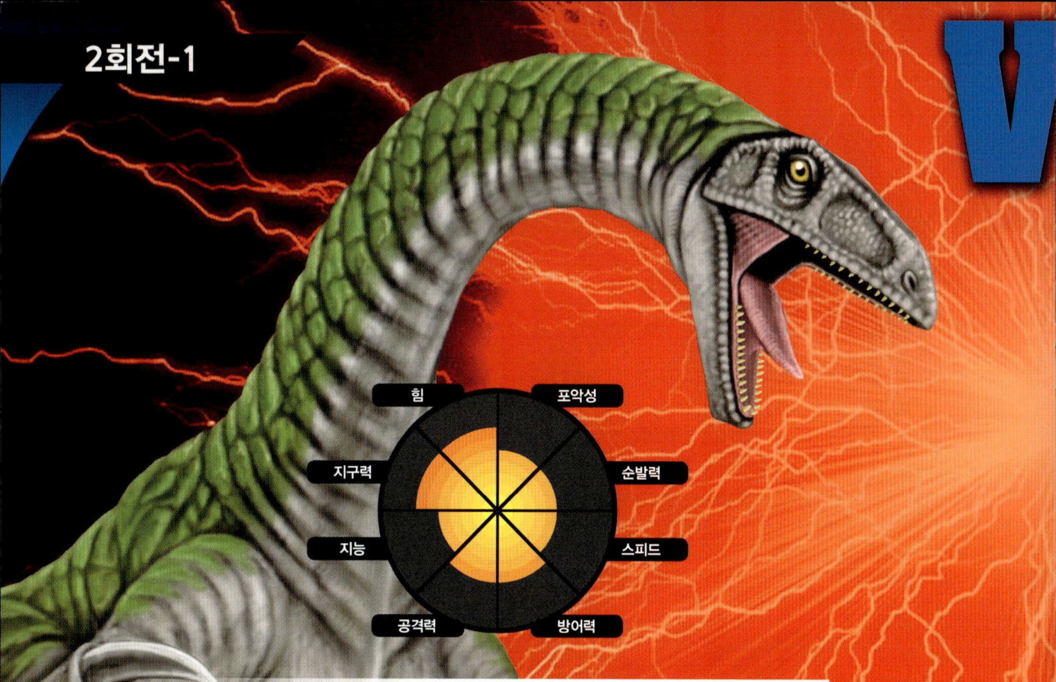

2회전-1

날카롭고 거대한 낫
테리지노사우루스

- **분류** ········· 용반목 수각아목 테리지노사우루스과
- **생존시기** ····· 7500만~7000만 년 전
- **서식지** ········ 아시아(몽골)
- **몸크기** ········ 몸길이 8~11m
- **식성** ·········· 초식

탁월한 공격력의 긴 갈퀴발톱

앞발에 있는 낫 모양의 세 개의 갈퀴발톱에서 '베어내는 도마뱀'이라는 뜻의 이름이 붙었다. 할퀴는 것만으로도 깊은 상처를 입힐 수 있는 갈퀴발톱은 강력한 무기였다. 싸울 때뿐 아니라 개미집을 부수거나 나뭇잎을 긁어모아 먹을 때도 갈퀴발톱을 사용했을 것으로 보인다.

 역사상 가장 긴 발톱

앞발에 난 70cm가 넘는 갈퀴발톱은 매우 위협적이었다. 이 정도로 긴 발톱은 다른 동물에서 보기 어렵다.

 행동반경이 넓은 긴 앞발

앞발이 닿는 범위가 넓었고, 새가 날갯짓하는 것처럼 앞발을 넓게 펼 수도 있었다. 옆으로 틈새를 파고들어도 긴 갈퀴발톱의 공격을 피할 수는 없었을 것이다.

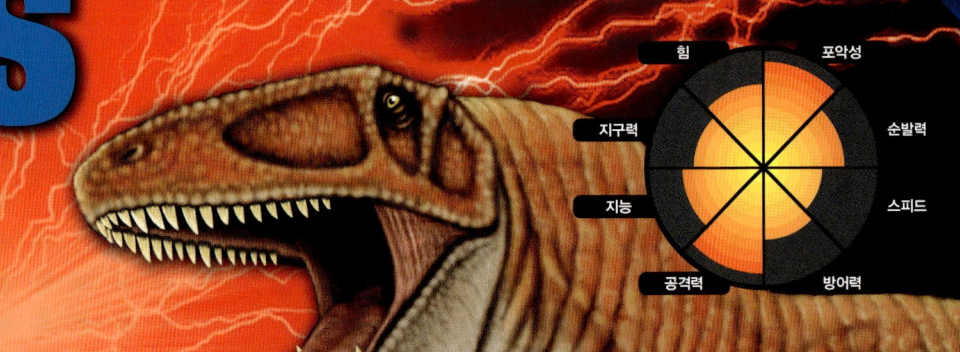

상어 이빨의 사냥꾼
카르카로돈토사우루스

- **분류** ········· 용반목 수각아목 카르카로돈토사우루스과
- **생존시기** ····· 1억~9300만 년 전
- **서식지** ······· 아프리카
- **몸크기** ······· 몸길이 10~14m
- **식성** ········· 육식

지난 회 대결 vs 이구아노돈

이구아노돈의 꼬리에 얻어맞고 엄지발톱에 찔리는 등 상대의 선제공격에 당황했던 카르카로돈토사우루스였다. 그러나 카르카로돈토사우루스는 곧 정신을 차리고 이구아노돈의 목을 물어뜯어 단숨에 승부를 결정지었다.

20쪽

서로 노려보며 숨을 고르다

어깨의 깊은 상처
카르카로돈토사우루스에게 물린 어깨에서 피가 멈추지 않고 흐른다. 이대로는 오래 버티지 못한다.

배틀 씬 2
큰 상처를 주고받다

두 공룡은 일단 떨어져서 다음 공격 기회를 노린다. 카르카로돈토사우루스는 등에, 테리지노사우루스는 어깨에 깊은 상처를 입었다. 두 마리 모두 상당히 지친 것 같다.

배틀 씬 3
카르카로돈토사우루스의 공격

피를 많이 흘려 먼저 지친 쪽은 테리지노사우루스였다. 비틀거리는 테리지노사우루스에게 카르카로돈토사우루스가 달려들어 상대의 축 늘어진 목을 물어뜯는다.

카르카로돈토사우루스의 승리!

2회전-2

악어의 입을 가진 공룡
수코미무스

- **분류** ········· 용반목 수각아목 스피노사우루스과
- **생존시기** ····· 1억1000만~1억 년 전
- **서식지** ······· 아프리카
- **몸크기** ······· 몸길이 11m
- **식성** ········· 육식

지난 회 대결 vs 딜로포사우루스

24쪽

스피드에서 앞선 딜로포사우루스가 적당한 거리를 유지한 채 수코미무스를 계속 공격하며 괴롭혔다. 하지만 딜로포사우루스의 움직임이 단조로워진 틈을 놓치지 않고 수코미무스가 상대의 목덜미를 물었다. 딜로포사우루스는 발버둥 쳤으나 목덜미를 단단히 물려서 벗어날 수 없었고, 수코미무스는 딜로포사우루스를 물속으로 끌고 들어갔다.

대지를 뒤흔드는 거대함
아르헨티노사우루스

- 분류 ……… 용반목 용각아목 안타르크토사우루스과
- 생존시기 ……… 1억 1000만~9300만 년 전
- 서식지 ……… 남아메리카
- 몸크기 ……… 몸길이 35~40m
- 식성 ……… 초식

고래보다 더 큰 몸집

지금까지 발견된 극히 일부의 화석만으로도 가장 큰 몸집을 자랑한 공룡이었음을 알 수 있다. 역사상 가장 몸집이 큰 육지생물이기도 하다. 걷기만 해도 주위 땅이 울렸을 정도로 몸집이 거대했기 때문에 가벼운 공격 따위는 전혀 통하지 않았다. 큰 몸집을 이용해 짓밟든가 꼬리로 내리쳐서 상대를 쓰러뜨린 강한 싸움꾼이었다.

① 큰 나무 같은 거대한 다리

거대한 나무처럼 두꺼운 정강이뼈의 길이는 150cm나 되었다. 100톤이 넘는 무거운 몸을 지탱하려면 두껍고 튼튼한 다리가 필요했다.

② 모든 것을 쳐부수는 꼬리

길이와 두께 모두 어마어마한 꼬리를 좌우로 크게 흔들며 위풍당당하게 다녔을 것이다. 꼬리는 감히 도전장을 내민 어리석은 적을 때려눕히는 강력한 무기였다.

2회전-2

대결 장소 **물가**

몸집은 아르헨티노사우루스가 압도적으로 크지만 수코미무스는 스피드가 빠르다. 수코미무스가 빠른 스피드를 이용하여 싸움에서 이길 수 있을까?

배틀 씬 1
수코미무스의 연속공격

상대의 거대한 덩치에도 기죽지 않고 수코미무스는 과감하게 공격을 시작해 갈퀴발톱과 이빨로 아르헨티노사우루스의 몸 여기저기에 상처를 입힌다. 그러나 이 정도 상처는 아르헨티노사우루스에게는 아무것도 아니다.

갈퀴발톱과 이빨로 상처를 내다

LOCK ON!!

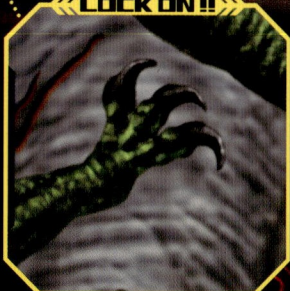

앞발의 갈퀴발톱
다른 대형 육식공룡보다 앞발에 난 갈퀴발톱이 큰 편이다. 아르헨티노사우루스의 두꺼운 피부도 벨 수 있다.

배틀 씬 2
다리를 공격하다

몸통 공격이 별로 효과가 없자 수코미무스는 상대의 다리를 공격하기로 마음먹었다. 다리를 물어서 쓰러뜨리려고 하지만 아르헨티노사우루스는 꿈쩍도 하지 않는다.

두껍고 튼튼한 다리

아르헨티노사우루스의 거대한 몸을 지탱하는 다리는 거대한 나무처럼 두껍고 튼튼하다. 수코미무스가 아무리 물어뜯어도 큰 피해가 없는 듯하다.

LOCK ON!!

배틀 씬 3
승부를 가른 꼬리 공격!

공격당해도 얌전히 있던 아르헨티노사우루스였지만, 수코미무스가 귀찮게 계속 달려들자 마침내 화가 폭발했다! 아르헨티노사우루스는 길고 두꺼운 꼬리로 수코미무스를 후려쳐서 날려버렸다.

아르헨티노사우루스의 승리!

2회전-3

뾰족한 지붕의 성채
스테고사우루스

힘 · 포악성 · 지구력 · 순발력 · 지능 · 스피드 · 공격력 · 방어력

- **분류** ……… 조반목 장순아목 스테고사우루스과
- **생존시기** ……… 1억5500만~1억4500만 년 전
- **서식지** ……… 아시아(중국), 북아메리카
- **몸크기** ……… 몸길이 7~9m
- **식성** ……… 초식

꼬리의 가시로 적을 무찌르다

등에 여러 장의 뼛조각이 늘어서 있던 특이한 모습의 초식공룡이다. 큰 뼛조각은 길이가 50cm나 되었지만 두께가 얇아서 적의 공격으로부터 몸을 보호하는 데에는 큰 도움이 되지 못했을 것이다. 4개의 가시가 난 꼬리를 휘둘러 싸웠는데, 이 꼬리는 대형 육식공룡에게 매우 위협적인 무기였다.

 크고 긴 가시

꼬리 끝에 1m가 넘는 가시가 나 있었다. 배에 깊숙이 꽂히면 내장까지 찌른 아주 위험한 무기였다.

힘센 뒷다리

뒷다리로 일어설 수 있을 만큼 뒷다리 근육이 발달되어 있었다. 체구가 작은 상대와 싸울 때는 뒷발로 일어선 후 앞발로 짓밟았을 것이다.

작고 영악한 사냥꾼
데이노니쿠스

- 분류 .... 용반목 수각아목 드로마에오사우루스과
- 생존시기 .... 1억4400만~9900만 년 전
- 서식지 .... 북아메리카
- 몸크기 .... 몸길이 2.5~4m
- 식성 .... 육식

지난 회 대결 vs 케찰코아틀루스 28쪽

하늘에서부터 내려온 케찰코아틀루스의 공격에 데이노니쿠스들은 뿔뿔이 흩어졌다. 땅에 내려앉은 케찰코아틀루스가 데이노니쿠스 한 마리를 집중적으로 공격하는 동안, 남은 두 마리 데이노니쿠스는 되돌아와서 상대를 에워쌌다. 데이노니쿠스들이 세 방향에서 일제히 케찰코아틀루스를 공격하면서 승부를 결정지었다.

2회전-3

대결 장소 숲

꼬리의 가시가 위협적인 스테고사우루스는 대형 육식공룡과도 싸울 수 있는 실력자다. 상대인 데이노니쿠스는 스피드와 팀워크로 맞선다!

배틀 씬 1
깨물기 공격 실패!

데이노니쿠스들이 스테고사우루스를 둘러싼다. 곧바로 한 마리가 스테고사우루스에게 달려들어 등에 난 뼛조각을 갉기 시작했으나 스테고사우루스는 꿈쩍도 하지 않는다. 다른 데이노니쿠스 두 마리는 스테고사우루스의 옆구리를 공격하려고 기회를 엿본다.

스테고사우루스를 포위하다

LOCK ON!!

등에 난 뼛조각
큰 뼛조각 때문에 스테고사우루스의 등을 공격하기가 쉽지 않다. 뼛조각을 물어뜯는다 한들 큰 상처를 입힐 수 없다.

2회전-4

수많은 뿔로 무장한 전사
펜타케라톱스

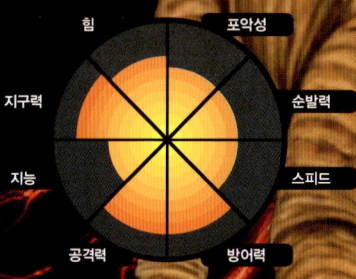

- 분류 ·············· 조반목 주식두아목 케라톱스과
- 생존시기 ········ 7500만~6800만 년 전
- 서식지 ············ 북아메리카
- 몸크기 ············ 몸길이 7~8m
- 식성 ················ 초식

지난 회 대결 vs 파키케팔로사우루스 32쪽

머리를 맞대고 서로 밀치면서 싸움이 시작되었다. 몸무게가 더 무거운 펜타케라톱스의 힘에 밀린 파키케팔로사우루스는 일단 뒤로 물러섰다가 돌진하며 박치기 공격을 시도하였다. 펜타케라톱스는 박치기 공격이 들어올 때 밑에서부터 머리로 상대의 턱을 올려쳐 승리하였다.

큰 먹이를 노리는 엄니
케라토사우루스

- 분류 .... 용반목 수각아목 케라토사우루스과
- 생존시기 .... 1억6000만~1억4000만 년 전
- 서식지 .... 북아메리카
- 몸크기 .... 몸길이 4.5~8m
- 식성 .... 육식

먹잇감을 노리는 거대한 이빨

머리에 난 3개의 작은 뿔이 특징인 육식공룡이다. 동료에게 과시하거나 싸울 때 머리를 보호하기 위해 뿔을 사용하였다. 웬만한 대형 육식공룡의 것보다 큰 엄니와 날카로운 발톱을 이용해 대형 용각류 공룡을 사냥했던 난폭한 포식자였다.

1. 칼처럼 날카로운 엄니

기다란 엄니는 과일 깎는 칼처럼 얇고 날카로웠다. 먹이를 물어 잘게 부수는 것이 아니라 가죽과 살을 베어내는 쪽에 알맞았다.

2. 빠른 달리기와 민첩함

몸이 날렵하고 가벼워서 빨리 달릴 수 있었다. 먹잇감으로 찍은 용각류 공룡의 뒤를 쫓아가서 쉽게 사냥했을 것이다.

2회전-4

대결 장소 **초원**

케라토사우루스의 이빨과 펜타케라톱스의 뿔이 맞붙는다. 한 방으로 승부를 낼 수 있는 강력한 무기를 가진 두 공룡 간의 대결이다!

배틀 씬 1

선제공격하는 케라토사우루스

케라토사우루스가 적극적으로 공격에 나서고 펜타케라톱스는 방어하기 바쁘다. 몇 번의 몸싸움 후 케라토사우루스가 상대의 목덜미를 노리며 파고들다가 펜타케라톱스의 뿔에 찔려 뒷다리에 상처를 입었다.

케라토사우루스의 다리를 찢는 큰 뿔!

《LOCK ON!!》

뾰족하게 솟은 뿔
펜타케라톱스의 뿔 끝은 날카롭게 갈린 뾰족한 창 같다. 살짝 스치기만 해도 살이 베이고 찢긴다.

《LOCK ON!!》

배틀 씬 2
뒤쪽을 공격하다

다리에 상처를 입은 케라토사우루스는 상대의 뿔에 찔리지 않게 조심하면서 펜타케라톱스의 뒤를 파고들었다. 날쌘 케라토사우루스가 드디어 펜타케라톱스의 뒷다리를 물었다!

거대한 엄니
케라토사우루스는 몸집에 비해 엄니가 크다. 대형 먹잇감을 사냥하기 위해 발달된 엄니에 물리면 깊은 상처를 입는다.

배틀 씬 3
강력한 이빨 공격

케라토사우루스의 엄니가 펜타케라톱스의 다리 근육을 찢었다. 균형을 잃고 쓰러진 펜타케라톱스 위로 케라토사우루스가 올라탄 후 목덜미를 물어뜯었다.

케라토사우루스의 승리!

칼럼 3

공룡의 이웃들

공룡은 파충류에서 진화한 육상 파충류 집단이다. 공룡이 살았던 시대에는 공룡 외에도 익룡이나 수장룡 등 다양한 파충류가 살았다. 공룡과 함께 살았던 대표적인 파충류를 알아보자.

하늘을 나는 파충류

공룡시대의 하늘을 지배한 것은 익룡이다. 익룡은 도마뱀이나 악어, 수장룡보다 공룡과 가까운 친척이다. 비둘기보다 몸집이 작은 것부터 날개를 펼치면 10m가 넘는 것까지 크기가 다양하였다. 날개 크기와 비교했을 때 몸은 작고 가벼웠다.

프테라노돈

- 분류: 익룡목 프테라노돈과
- 생존시기: 8900만~7100만 년 전
- 날개 길이: 7~9m

몸집이 큰 익룡으로, 머리 뒤에 기다란 볏이 있었다. 바닷가 절벽에서 살면서 긴 부리로 물고기를 낚아채서 먹었다.

디모르포돈

- 분류: 익룡목 디모르포돈과
- 생존시기: 1억7500만~1억5900만 년 전
- 날개 길이: 1.4m

큰 머리 크기에 비해 날개가 작았던 것이 특징이다. 다리가 짧아서 땅 위를 잘 걷지는 못했다. 날아다니면서 물고기를 사냥하고 잡아먹었다.

바다에서 생활한 파충류

바다에서 살았던 수장룡, 어룡, 바다도마뱀 등의 파충류는 물속에서 새끼를 낳으며 대부분의 시간을 물속에서 보냈다. 주로 물고기를 잡아먹었지만 다른 수장룡이나 어룡, 바다거북 등을 잡아먹는 강력한 사냥꾼도 있었다.

후타바사우루스

- **분류**　　수장룡목 엘라스모사우루스과
- **생존시기**　8500만 년 전
- **몸길이**　　7m

물갈퀴 형태의 다리로 바다를 헤엄치며, 긴 목으로 도망치는 물고기를 잡아먹었던 수장룡이다.

틸로사우루스

- **분류**　　유린목 모사사우루스과
- **생존시기**　8500만~6800만 년 전
- **몸길이**　　15m

수심이 얕은 바다에서 생활한 바다도마뱀이다. 매우 사나워서 상어나 수장룡 등 커다란 먹잇감을 공격한 바다의 지배자였다.

이크티오사우루스

- **분류**　　어룡목 이크티오사우루스과
- **생존시기**　2억~1억4500만 년 전
- **몸길이**　　2m

어룡의 일종으로, 돌고래와 비슷한 모습이었다. 눈이 커서 시력이 좋았고, 청각도 발달해 있었다. 주로 물고기나 오징어 등을 먹었다.

2회전-5

공룡 진화의 끝판왕
티라노사우루스

- 분류 ·············· 용반목 수각아목 티라노사우루스과
- 생존시기 ········· 7000만~6600만 년 전
- 서식지 ············ 북아메리카
- 몸크기 ············ 몸길이 12~13m
- 식성 ··············· 육식

무시무시한 힘을 자랑한 공룡

다른 공룡들을 압도하는 거대한 몸집에 크고 강한 턱, 길이가 15cm가 넘는 크고 두꺼운 이빨을 가진 육식 공룡으로 공룡시대 말기에 등장하였다. 압도적인 힘과 전투력으로 다른 공룡들을 마구 사냥했던 난폭한 공룡으로, 티라노사우루스에게 물려 뼈가 부서진 공룡의 화석이 많다.

 모든 것을 부수는 턱

육식공룡 중에서도 머리뼈가 유달리 크고 턱이 잘 발달되어 있었다. 무는 힘은 공룡 중에서 가장 셌다. 오늘날의 악어나 사자가 무는 힘의 10배 이상이었다.

 사냥을 위해 발달한 감각

뇌가 크고, 냄새 맡는 기관이 특히 발달하였다. 눈이 앞을 향해 있어 먹잇감과의 거리를 정확하게 측정할 수 있었다.

강력한 삼지창
트리케라톱스

- 분류 ·············· 조반목 주식두아목 케라톱스과
- 생존시기 ········ 7000만~6600만 년 전
- 서식지 ············ 북아메리카
- 몸크기 ············ 몸길이 8~9m
- 식성 ················ 초식

지난 회 대결 vs 알로사우루스   38쪽

상대에게 조심스럽게 다가가던 알로사우루스는 곧 공격을 시작하였다. 트리케라톱스의 뿔을 피하면서 접근해 이빨로 상대의 얼굴을 물어뜯었지만, 항상 동료들과 뿔을 맞대고 힘겨루기를 하던 트리케라톱스의 머리 부위는 단단해서 별 타격이 없었다. 트리케라톱스는 알로사우루스를 밀쳐낸 후 뿔로 몸을 찔렀다.

2회전-5

대결 장소 거친 벌판

쥐라기를 대표하는 육식공룡인 알로사우루스를 물리친 트리케라톱스가 백악기를 함께 살았던 티라노사우루스를 만났다. 승자는 과연 누가 될까?

배틀 씬 1

먼저 공격한 트리케라톱스

돌진을 피하는 티라노사우루스

트리케라톱스가 먼저 힘차게 돌진했다. 티라노사우루스는 돌진을 피해 트리케라톱스의 등 뒤로 파고들었다. 이때 트리케라톱스의 뿔에 다리가 긁혔지만 가벼운 상처일 뿐이다.

LOCK ON!!

무적의 돌진
8톤이 넘는 몸무게가 실린 트리케라톱스의 돌진 공격은 모든 것을 뚫어버릴 정도로 위력적이다.

LOCK ON!!

배틀 씬 2
강력한 물고 흔들기

돌진 공격을 피한 티라노사우루스는 트리케라톱스 머리 뒤쪽의 머리장식을 물고 세게 흔든다. 트리케라톱스의 목덜미에 강한 힘이 가해지면서 목뼈에 엄청난 충격이 전해진다!

강한 턱
티라노사우루스의 물기는 뼈를 부술 정도로 강력하다. 한번 물리면 빠져나갈 수 없다.

배틀 씬 3
싸움의 달인임을 증명하다

목을 다친 트리케라톱스는 금세 힘이 빠졌다. 상대에게 반격할 힘이 없음을 파악한 티라노사우루스는 여유만만하게 트리케라톱스의 축 처진 목덜미를 물어뜯고 목을 완전히 꺾었다.

티라노사우루스의 승리!

2회전-6

남아메리카의 난폭왕
기가노토사우루스

- 분류 ············· 용반목 수각아목 카르카로돈토사우루스과
- 생존시기 ········· 9800만~9600만 년 전
- 서식지 ··········· 남아메리카
- 몸크기 ··········· 몸길이 12~14m
- 식성 ············· 육식

지난 회 대결 vs 사우로펠타

딱딱한 뼈로 된 갑옷과 가시로 몸을 감싼 사우로펠타를 제대로 공격하는 것은 쉽지 않아 보였다. 그러나 기가노토사우루스는 거대한 턱으로 사우로펠타의 어깨를 물고 이리저리 흔들다가 마침내 사우로펠타의 몸을 뒤집는 데에 성공하였다.

42쪽

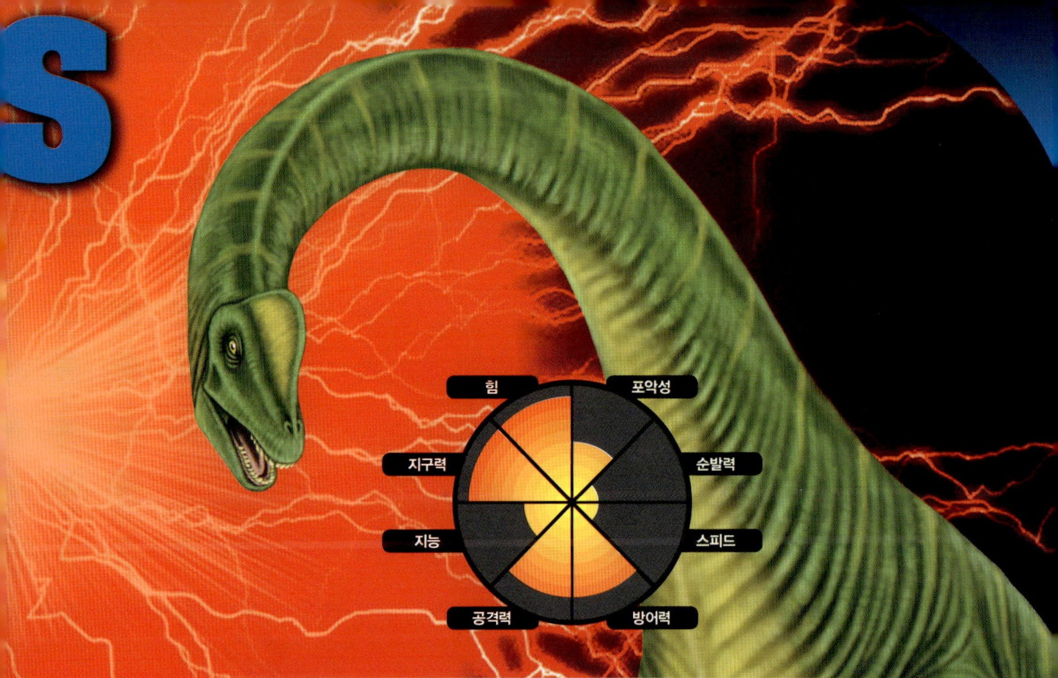

공룡시대의 초고층 빌딩
브라키오사우루스

- **분류** …………… 용반목 용각아목 브라키오사우루스과
- **생존시기** ………… 1억 5000만~1억 4500만 년 전
- **서식지** …………… 아프리카, 북아메리카
- **몸크기** …………… 몸길이 25m
- **식성** ……………… 초식

압도적인 힘을 지닌 큰 몸

아주 긴 목과 두꺼운 꼬리를 자랑하는 대형 용각류 공룡이다. 뒷다리보다 앞다리가 훨씬 길어서 어깨 위치가 높았다. 머리를 들었을 때의 높이는 16m에 달할 정도였다. 두꺼운 통나무와 같은 꼬리로 상대를 후려쳐 쓰러뜨린 다음 압도적인 체격에서 나오는 힘으로 누르고 짓밟았다.

 채찍 같은 꼬리

용각류 공룡 대다수는 꼬리를 무기로 사용하였다. 브라키오사우루스는 긴 꼬리를 채찍처럼 휘둘러 육식공룡들로부터 몸을 지켰다.

 꼬리보다 강력한 목

목은 꼬리보다 더 길고 굵은 나무처럼 두꺼웠다. 브라키오사우루스가 휘두르는 목에 맞으면 웬만한 몸집의 육식공룡은 나가떨어졌다.

2회전-6

대결 장소 초원

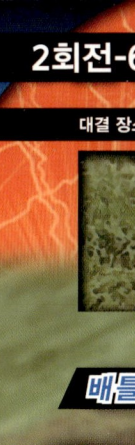

거대한 몸집을 자랑하는 브라키오사우루스지만 기가노토사우루스도 체구가 아주 큰 육식공룡이다. 수퍼 헤비급 선수 간의 힘 대결을 지켜보자.

배틀 씬 1
공격 타이밍을 기다리다

브라키오사우루스는 언제든지 상대를 짓밟을 수 있게 앞다리를 올린 상태로 기가노토사우루스를 내려다본다. 기가노토사우루스도 조금 떨어진 곳에서 공격 기회를 노린다.

상대를 내려다보는 브라키오사우루스

LOCK ON !!

넓은 시야
긴 목을 들면 주변 풍경이 한눈에 들어온다. 상대의 미세한 움직임도 놓치지 않는다.

LOCK ON !!

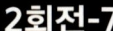

2회전-7

높은 지능과 큰 발톱
유타랍토르

- **분류** ·············· 용반목 수각아목 드로마에오사우루스과
- **생존시기** ········· 1억2500만~1억2000만 년 전
- **서식지** ············ 북아메리카
- **몸크기** ············ 몸길이 5~7m
- **식성** ·············· 육식

지능이 높은 사냥꾼

데이노니쿠스의 친척으로, 그 중에서는 가장 몸집이 컸다. 날렵한 몸과 긴 다리로 민첩하게 움직였고, 뒷발에 있는 큰 갈퀴발톱을 이용해 사냥하였다. 지능이 높아서 동료와 함께 팀으로 대형공룡도 사냥했던 것으로 보인다.

 사냥에 효과적인 갈퀴발톱

뒷발 두 번째 발가락에 난 갈퀴발톱의 길이는 20cm나 되었다. 달릴 때는 위를 향하게 하고 사냥할 때는 앞쪽으로 향하게 해서 상대의 몸을 찔렀다.

 편리하게 움직이는 앞다리

앞다리가 길고 자유롭게 움직일 수 있었다. 사냥감을 발로 짓누르거나 갈퀴발톱으로 할퀴는 등 사냥할 때 편리했다.

망치를 휘두르는 갑옷 기사
안킬로사우루스

- 분류 ········· 조반목 장순아목 안킬로사우루스과
- 생존시기 ····· 6800만~6600만 년 전
- 서식지 ······· 북아메리카
- 몸크기 ······· 몸길이 6~10m
- 식성 ········· 초식

지난 회 대결   vs 유티라누스

안킬로사우루스의 몸을 감싼 갑옷과 꼬리에 달린 망치를 본 유티라누스는 상대의 옆으로 다가가 발로 누른 후 목을 노렸다. 그러나 안킬로사우루스는 몸을 흔들어 유티라누스를 떼어낸 후 꼬리 끝에 달린 망치를 휘둘러 상대의 다리뼈를 부러뜨렸다.

46쪽

2회전-7

대결 장소: 돌밭

날렵하며 지능이 높은 유타랍토르는 뛰어난 사냥꾼이다. 막강한 방어력을 자랑하는 안킬로사우루스에 맞서 어떤 공격을 펼칠까?

배틀 씬 1
튕겨 나가는 발톱 공격

유타랍토르는 뒷발의 갈퀴발톱을 휘두르며 안킬로사우루스의 머리와 목덜미를 할퀴었다. 그러나 아무리 할퀴어도 발톱이 튕겨 나갈 뿐이다. 안킬로사우루스의 갑옷을 뚫고 상처를 입히기는 어려워 보인다.

적극적으로 공격하는 유타랍토르

LOCK ON !!

약점을 덮는 판
약점이 될 수 있는 목과 머리를 뼈로 된 튼튼한 갑옷이 덮고 있어서 공격하기 어렵다.

배틀 씬 2
신중히 공격하다

상대를 관찰하던 유타랍토르는 방어가 약한 안킬로사우루스의 뒷다리를 노린다. 안킬로사우루스는 꼬리를 휘두르며 위협하나 유타랍토르는 꼬리에 얻어맞지 않도록 경계하며 공격한다.

위력적인 꼬리
꼬리 공격 한 방에 뼈가 부서질 수 있으므로 조심해야 한다.

LOCK ON !!

유타랍토르의 영리한 공격!

배틀 씬 3
승부를 가른 몸통박치기

다리를 다친 안킬로사우루스가 마구 날뛰며 격렬하게 몸으로 부딪쳤다. 꼬리를 조심하던 유타랍토르는 갑작스러운 몸통박치기를 당해 안킬로사우루스와 바위 사이에 끼어 짓눌렸다.

안킬로사우루스의 승리!

2회전-8

태고의 거대 악어
살코수쿠스

- ● 분류 ·············· 악어목 폴리도사우루스과
- ● 생존시기 ········ 1억1000만 년 전
- ● 서식지 ············ 아프리카
- ● 몸크기 ············ 몸길이 10~12m
- ● 식성 ················ 육식

지난 회 대결 vs 암펠로사우루스

암펠로사우루스의 꼬리에 얻어맞아 살코수쿠스는 정신을 잃었다. 움직이지 않는 살코수쿠스를 암펠로사우루스가 짓밟으려는 순간, 살코수쿠스가 겨우 정신을 차리고 공격을 피한 다음 상대의 다리를 물어서 부러뜨렸다.

50쪽

S

역사상 가장 거대한 수룡
스피노사우루스

- 힘
- 포악성
- 지구력
- 순발력
- 지능
- 스피드
- 공격력
- 방어력

- **분류** ········· 용반목 수각아목 스피노사우루스과
- **생존시기** ····· 9700만 년 전
- **서식지** ······· 아프리카
- **몸크기** ······· 몸길이 15~17m
- **식성** ········· 육식

물가를 지배한 대형 수룡

거대한 돛과 같은 등지느러미와 가늘고 긴 악어 같은 머리가 특징인 대형 육식공룡이다. 앞다리가 상당히 크고, 수각류 공룡으로서는 드물게 네 발로 다녔다. 물가나 물속에서 살면서 주로 물고기를 잡아먹었다. 다른 육식공룡이나 악어 등과 영역 다툼을 자주 벌였던 물가의 싸움꾼이다.

 물면 놓지 않는 턱

1m가 넘었던 긴 턱에 예리하고 뾰족한 원뿔 모양의 이빨이 쭉 나 있었다. 몸속 깊이 이빨이 박히기 때문에 한 번 물리면 빠져나가기 어려웠다.

 엄청난 힘을 가진 앞다리

물고기를 잘 잡을 수 있게 발달한 앞다리는 힘이 매우 세서 사냥감을 끌어당기거나 물속으로 끌고 들어가기 쉬웠다.

2회전-8

대결 장소 물가

배틀 씬 1
격렬한 격투가 시작되다!

살코수쿠스와 스피노사우루스는 둘 다 물가에서 생활하는 힘센 포식자이다. 어마어마한 몸집을 자랑하는 두 포식자가 물가의 제왕 자리를 놓고 맞붙는다.

얕은 시내에서 만난 두 포식자는 곧 엄청난 물보라를 일으키며 싸움을 벌였다. 살코수쿠스가 큰 턱으로 물려고 하지만 스피노사우루스는 앞발로 상대를 밀치고 누르면서 공격을 막는다.

얕은 시내에서 벌어진 격렬한 싸움

LOCK ON!!

강한 앞발
네 발로 움직이는 스피노사우루스는 앞발의 힘이 세고 앞발을 능숙하게 움직일 수 있다. 가깝게 붙어서 싸울 때 큰 힘을 발휘한다.

살코수쿠스의 한 방이 명중!

배틀 씬 2
땅 위에서 벌어진 싸움

격렬하게 싸우던 두 포식자는 서로 부둥켜안은 채 땅 위로 올라갔다. 땅 위에서는 스피노사우루스가 빠르다. 스피노사우루스는 잽싸게 살코수쿠스의 옆을 파고들다가 상대가 휘두른 꼬리에 얻어맞았다!

강력한 꼬리 공격
딱딱한 비늘로 덮인 악어의 꼬리에 맞으면 뭉개지거나 멀리 나가떨어질 수 있다.

배틀 씬 3
승패를 가른 앞다리

스피노사우루스는 아픔을 참고 앞다리로 살코수쿠스의 목을 내리눌렀다. 이런 자세로는 살코수쿠스가 공격할 수 없다. 스피노사우루스가 결국 상대의 목을 물어뜯었다.

스피노사우루스의 승리!

시범경기 2

엘라스모사우루스
vs
모사사우루스

엘라스모사우루스는 긴 목을 이용해 작은 물고기를 잡는 데에 뛰어난 사냥꾼이고, 모사사우루스는 대형 어류나 파충류 등 커다란 먹잇감을 주로 사냥하였다. 엘라스모사우루스가 목을 이리저리 움직이며 상대의 몸 여기저기를 물었지만, 모사사우루스는 별로 신경 쓰지 않고 엘라스모사우루스의 지느러미를 물어뜯었다. 두 사냥꾼 사이의 공격력 차이는 너무 컸고, 결국 승리는 모사사우루스에게 돌아갔다.

용맹한 포식자

바다 생활에 맞게 진화한 바다도마뱀이다. 성격이 공격적이어서 다른 동물들과 자주 싸움을 벌였고, 물고기와 바다거북, 수장룡 등 다양한 동물을 사냥하였다.

난폭한 바다도마뱀

모사사우루스

- 분류 ············ 유린목 모사사우루스과
- 생존시기 ········ 7900만~6600만 년 전
- 서식지 ·········· 유럽, 북아메리카
- 몸크기 ·········· 몸길이 12~18m

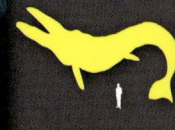

먹잇감을 놓치지 않는 긴 목

체격이 가장 큰 수장룡으로, 목이 몸길이의 절반 이상이었다. 이 긴 목을 자유롭게 움직여 물고기뿐 아니라 수면 근처를 나는 익룡도 잡아먹었다. 지느러미 같은 발로 넓은 곳을 헤엄쳐 다니며 먹이를 사냥하였다.

가장 긴 목을 지닌 수장룡
엘라스모사우루스

- 분류 ················ 수장룡목 엘라스모사우루스과
- 생존시기 ············ 7000만~6600만 년 전
- 서식지 ·············· 북아메리카
- 몸크기 ·············· 몸길이 14m

수장룡과 바다도마뱀 중 바다의 지배자는 누가 될까?

모사사우루스의 승리!

칼럼 4

새가 된 공룡들

6600만 년 전에 공룡은 지구상에서 모습을 감췄지만, 공룡의 후예는 현재도 살아있다. 그 공룡의 후예는 바로 우리에게 친숙한 새(조류)이다. 공룡과 새가 어떻게 닮았는지 알아보자.

비슷한 뼈 구조

새의 조상은 티라노사우루스나 데이노니쿠스 등의 수각류 공룡이다. 그 증거로 제시되는 것이 골격 형태이다. 아래 그림은 닭과 데이노니쿠스의 전신 골격인데, 닭의 목을 아래로 내리고 꼬리를 길게 늘리면 공룡과 골격이 닮았다는 것을 확인할 수 있다. 최근에는 조류를 공룡의 범주에 넣는 학자들도 있다.

닮은꼴인 새와 공룡(수각류)

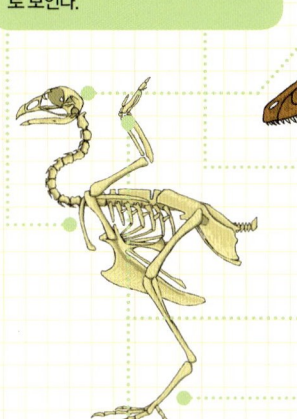

빗장뼈의 형태
새와 일부 수각류 공룡은 좌우 빗장뼈가 연결되어 앞에서 보면 V자 형태로 보인다.

속이 빈 뼈
머리뼈와 일부의 뼈 속이 비어 있고, 기낭(공기를 모으는 기관)을 가지고 있다.

앞발의 뼈 구조
수각류 공룡은 3개의 앞발가락을 가지고 있고, 그 모습은 새의 날개 속 뼈 구조와 닮았다.

다리 구조
몸무게를 지탱하며, 두 다리로 걸을 수 있도록 다리가 몸통의 아래를 향해 붙어 있다.

공룡에게 깃털이 있었다?

몸 전체를 덮은 깃털은 대표적인 새의 특징 중 하나이다. 그런데 일부 공룡도 새처럼 깃털이 있었다. 공룡의 깃털은 길고 속이 빈 통 모양으로, 이것이 진화하여 새의 날개를 덮는 빳빳하고 긴 깃털이 되었다. 공룡의 깃털화석은 대부분 작은 수각류 공룡 중에서 발견되었다. 지금까지 대형 수각류 공룡의 깃털화석은 2012년 중국에서 발견된 유티라누스뿐이다.

깃털공룡의 상상도

티라노사우루스(깃털)
깃털을 가진 티라노사우루스의 모습

공룡의 체온은?

현대 파충류의 대부분은 체온이 기온에 따라 변화하는 변온동물이고, 새는 기온이 변화해도 일정한 온도를 유지하는 항온동물이다. 그렇다면 공룡은 어느 쪽이었을까?

최신 연구에 따르면 공룡은 중온동물로 추정된다. 즉, 기본적으로는 체온을 일정하게 유지하지만 기온의 영향도 약간은 받는 성질이었다는 것이다. 몸집이 작은 공룡의 체온은 대략 25도, 대형 공룡의 체온은 30도 이상이었을 것으로 보고 있다.

칼럼 4

공룡도 새끼를 키웠다

새는 알을 어미 새가 품고 새끼가 태어나면 먹이를 물어다 주며 어느 정도 자랄 때까지 키운다. 일부 공룡들도 이와 같은 방식으로 새끼를 키웠다. 이중 새끼를 키우는 일에 특히 열심이었던 공룡이 '마이아사우라'이다. 마이아사우라는 풀을 깔아 놓은 둥지에 알을 낳고, 새끼가 태어나면 먹이를 먹였다. 새끼들은 다 큰 후에도 어른 공룡들과 같이 집단생활을 하였다.

▲ 마이아사우라가 새끼를 돌보는 모습. '마이아사우라'라는 이름은 '좋은 엄마 도마뱀'이라는 뜻이다.

오비랍토르는 억울하다?

오비랍토르라는 이름은 '알 도둑'이라는 뜻이다. 처음 발견되었을 때 알 화석이 옆에 있었기 때문에 알을 훔쳐 먹으려 했다고 여겨져서 지어진 이름이다. 나중에 둥지의 알을 품고 있는 화석이 발견되어 오비랍토르가 알을 훔쳐 먹는 것이 아니라 알을 지키고 새끼를 키우는 공룡이었음이 밝혀졌다.

준준결승-1

상어 이빨의 사냥꾼
카르카로돈토사우루스

- **분류** ·············· 용반목 수각아목 카르카로돈토사우루스과
- **생존시기** ·········· 1억~9300만 년 전
- **서식지** ············ 아프리카
- **몸크기** ············ 몸길이 10~14m
- **식성** ·············· 육식

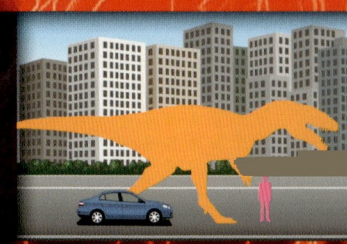

지난 회 대결   vs 테리지노사우루스   60쪽 ▶

싸움이 시작되자 카르카로돈토사우루스는 물어뜯고 테리지노사우루스도 갈퀴발톱으로 맞서며 둘 다 큰 상처를 입었다. 서로 상대의 빈틈을 노리며 공격 기회를 살피다가 상처를 더 깊게 입은 테리지노사우루스가 먼저 쓰러졌다. 쓰러진 테리지노사우루스에게 카르카로돈토사우루스가 덤벼들어 싸움을 끝냈다.

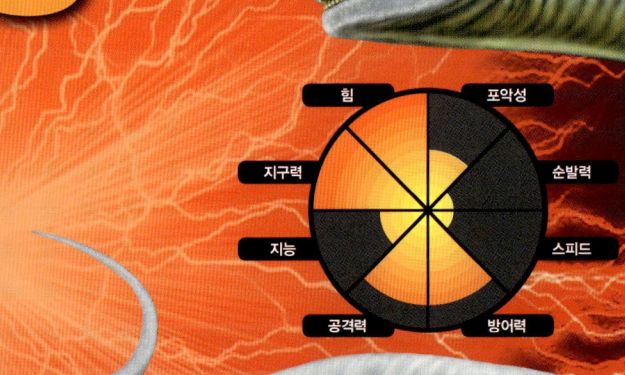

대지를 뒤흔드는 거대함
아르헨티노사우루스

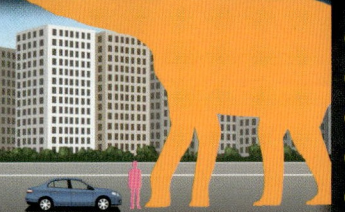

- 분류 ············· 용반목 용각아목 안타르크토사우루스과
- 생존시기 ········· 1억1000만~9300만 년 전
- 서식지 ··········· 남아메리카
- 몸크기 ··········· 몸길이 35~40m
- 식성 ············· 초식

지난 회 대결 vs 수코미무스 → 64쪽

수코미무스는 자기보다 훨씬 큰 상대를 보고도 기죽지 않고 아르헨티노사우루스에게 달려들었다. 몸 여기저기에 상처를 냈지만 별 타격은 주지 못하고, 다리를 공격해서 쓰러뜨리려 했지만 그것도 효과가 없었다. 별다른 대응을 하지 않던 아르헨티노사우루스였으나 귀찮게 공격이 계속되자 꼬리로 수코미무스를 강하게 후려쳤다.

배틀 씬 2
집념의 반격

충격에서 벗어난 카르카로돈토사우루스가 날카로운 갈퀴발톱으로 아르헨티노사우루스의 몸을 할퀴었다. 하지만 별 효과가 없자 이번에는 입을 크게 벌려 상대의 몸을 물어뜯으려 한다.

배틀 씬 3
압도적인 힘의 차이!

아르헨티노사우루스가 깨물려고 하는 카르카로돈토사우루스를 몸통박치기로 날려버렸다. 그리고 쓰러진 카르카로돈토사우루스가 일어나기 전에 거대한 발로 짓밟았다.

아르헨티노사우루스의 승리!

큰 갈퀴발톱
카르카로돈토사우루스의 길고 날카로운 갈퀴발톱은 위력적인 무기지만 이번 상대는 너무 크고 세다.

준준결승-2

작고 영악한 사냥꾼
데이노니쿠스

- **분류** ·········· 용반목 수각아목 드로마에오사우루스과
- **생존시기** ······ 1억4400만~9900만 년 전
- **서식지** ········ 북아메리카
- **몸크기** ········ 몸길이 2.5~4m
- **식성** ·········· 육식

지난 회 대결 vs 스테고사우루스 → 68쪽

데이노니쿠스 한 마리가 스테고사우루스 등에 올라타지만, 스테고사우루스는 무시하고 정면에 있는 두 마리를 향해 꼬리를 휘둘렀다. 그러나 데이노니쿠스들은 공격을 피했고, 운이 없게도 꼬리가 나무에 박혀버렸다. 데이노니쿠스들은 그 기회를 놓치지 않고 상대를 공격해 쓰러뜨렸다.

S

큰 먹이를 노리는 엄니
케라토사우루스

- 분류 ·············· 용반목 수각아목 케라토사우루스과
- 생존시기 ········ 1억 6000만~1억 4000만 년 전
- 서식지 ············ 북아메리카
- 몸크기 ············ 몸길이 4.5~8m
- 식성 ·············· 육식

지난 회 대결 vs 펜타케라톱스　　　　　　　　72쪽

펜타케라톱스의 뿔을 제대로 피하지 못한 케라토사우루스는 다리에 상처를 입었지만, 물러서지 않고 펜타케라톱스 등 뒤로 파고들어 뒷다리를 물었다. 이 상처 때문에 쓰러진 펜타케라톱스에게 케라토사우루스가 덤벼들어서 약점인 목을 물어뜯고 승리하였다.

준준결승-2

대결 장소 초원

데이노니쿠스는 스피드가 빠르지만 케라토사우루스의 스피드도 만만치 않다. 속도감 넘치는 대결의 승자는 누구일까?

배틀 씬 1

공격 주도권을 잡은 케라토사우루스

데이노니쿠스 세 마리를 한꺼번에 공격할 수 없으니 케라토사우루스는 한 마리씩 쓰러뜨리려고 마음먹고 한 마리만 뒤쫓기 시작한다. 데이노니쿠스들은 여느 싸움과 마찬가지로 상대를 둘러싸고 공격할 틈을 노리고 있다.

날뛰는 케라토사우루스

LOCK ON!!

길고 큰 엄니
대형 육식공룡에게도 뒤지지 않는 크기의 엄니로 데이노니쿠스처럼 작은 공룡의 몸 정도는 간단히 찢는다.

배틀 씬 2
일격을 맞다
케라토사우루스가 꼬리를 휘둘러 집요하게 등 뒤를 공격하던 데이노니쿠스 한 마리를 후려쳤다.

위력적인 꼬리 공격
케라토사우루스의 꼬리 근육은 탄력 있고 탄탄하다. 몸집이 작은 상대는 꼬리로 쳐서 손쉽게 쓰러뜨릴 수 있다.

위험에 빠진 데이노니쿠스!

배틀 씬 3
필사적으로 동료를 구하다!
쓰러진 데이노니쿠스를 짓밟아 죽이려는 케라토사우루스에게 나머지 데이노니쿠스들이 필사적인 공격을 퍼붓는다. 케라토사우루스의 얼굴을 집중적으로 공격해서 결국 발톱으로 눈을 찔렀다.

데이노니쿠스의 승리!

준준결승-3

공룡 진화의 끝판왕
티라노사우루스

- **분류** ············ 용반목 수각아목 티라노사우루스과
- **생존시기** ········· 7000만~6600만 년 전
- **서식지** ············ 북아메리카
- **몸크기** ············ 몸길이 12~13m
- **식성** ·············· 육식

지난 회 대결 vs 트리케라톱스

78쪽

티라노사우루스는 갑작스러운 트리케라톱스의 돌진 공격을 피하다가 뿔에 긁혀 가벼운 상처를 입었다. 하지만 트리케라톱스의 뒤로 파고든 티라노사우루스는 상대의 머리장식을 물고 흔들어 쓰러뜨린 후 목을 꺾어 치열했던 싸움을 끝냈다.

남아메리카의 난폭왕
기가노토사우루스

- 분류 .... 용반목 수각아목 카르카로돈토사우루스과
- 생존시기 .... 9800만~9600만 년 전
- 서식지 .... 남아메리카
- 몸크기 .... 몸길이 12~14m
- 식성 .... 육식

지난 회 대결 vs 브라키오사우루스 82쪽

브라키오사우루스의 짓밟기 공격을 피해가며 기가노토사우루스는 상대에게 접근해 브라키오사우루스의 어깨를 물었다. 물린 상처에서 계속 피가 흐르면서 브라키오사우루스는 점점 약해지고 움직임이 둔해졌다. 기가노토사우루스는 성급히 달려들지 않고 거리를 둔 채 따라가다가 최후의 일격을 가했다.

준준결승-3

대결 장소 거친 벌판

북아메리카의 왕인 티라노사우루스와 남아메리카의 왕인 기가노토사우루스가 맞붙는다. 공룡시대 말기에 군림한 왕들의 대결이 시작된다!

배틀 씬 1
근접전에서 유리한 기가노토사우루스

한 방에 상대를 쓰러뜨릴 수 있는 힘과 공격력을 지닌 두 공룡은 서로를 발견하자마자 곧바로 돌진, 격렬한 몸싸움이 시작되었다. 팽팽한 긴장감이 흐르는 싸움이 계속되다가 드디어 기가노토사우루스가 엄니로 티라노사우루스를 물었다!

대형 육식공룡들의 격렬한 몸싸움!

◀◀ LOCK ON !! ▶▶

가벼운 머리
두 공룡의 체격은 거의 비슷하지만, 기가노토사우루스 쪽이 머리뼈가 가벼워서 머리를 움직이기 쉽다. 긴 앞발도 근접전에서 유리하게 작용한다.

흐름을 바꾸는 강력한 박치기

두꺼운 머리뼈
티라노사우루스의 머리뼈는 다른 육식공룡보다 폭이 넓고 무거우며 단단하다. 체중을 실은 박치기는 위협적인 무기다.

LOCK ON!!

배틀 씬 2
티라노사우루스의 반격

비록 기가노토사우루스에게 물렸지만 상처가 그리 깊지 않다. 티라노사우루스는 피를 흘리면서도 뒤로 물러서지 않고 머리를 크게 휘둘러 박치기를 했다. 기가노토사우루스의 큰 몸이 비틀거린다.

배틀 씬 3
압도적인 물어뜯기

타고난 사냥꾼인 티라노사우루스는 기가노토사우루스의 자세가 무너지는 순간을 놓치지 않는다. 즉시 달려들어 목을 물고 비틀어 단숨에 눌러버렸다.

티라노사우루스의 승리!

준준결승-4

망치를 휘두르는 갑옷 기사
안킬로사우루스

- 분류 ············ 조반목 장순아목 안킬로사우루스과
- 생존시기 ······ 6800만~6600만 년 전
- 서식지 ·········· 북아메리카
- 몸크기 ·········· 몸길이 6~10m
- 식성 ············· 초식

지난 회 대결 vs 유타랍토르   86쪽

처음에 유타랍토르는 안킬로사우루스의 머리와 목을 노렸지만, 별 효과가 없자 상대의 꼬리를 주의하면서 뒷발을 공격하였다. 공격을 받아서 날뛰기 시작한 안킬로사우루스는 몸통박치기로 반격하였다. 뜻밖의 공격에 유타랍토르는 바위와 안킬로사우루스 사이에 몸이 끼어 납작해졌다.

역사상 가장 거대한 수룡
스피노사우루스

- 힘
- 포악성
- 지구력
- 순발력
- 지능
- 스피드
- 공격력
- 방어력

- **분류** ·············· 용반목 수각아목 스피노사우루스과
- **생존시기** ········ 9700만 년 전
- **서식지** ·············· 아프리카
- **몸크기** ·············· 몸길이 15~17m
- **식성** ·················· 육식

지난 회 대결   vs 살코수쿠스   90쪽

물가에서 싸울 때는 어느 쪽도 상대에게 결정적인 타격을 주지 못하고 엎치락뒤치락하였다. 땅 위로 장소를 옮기고부터는 스피노사우루스가 약간 우세하게 공격을 펼쳤지만, 살코수쿠스에게도 한 방의 꼬리 공격이 있었다. 그러나 스피노사우루스는 꼬리 공격을 버텨내었고 앞발로 살코수쿠스를 꼼짝달싹 못하게 누른 다음 목을 깨물어 승리하였다.

준준결승-4

대결 장소 물가

초식공룡인 안킬로사우루스가 연승으로 육식공룡들을 이기고 다시 거대한 육식공룡인 스피노사우루스와 싸운다. 승리는 누구의 것이 될까?

배틀 씬 1
위협적인 꼬리

스피노사우루스는 상대의 뒤를 공격하려 하지만 안킬로사우루스가 휘두르는 꼬리 때문에 섣불리 다가가지 못한다.

망치와 같은 꼬리로 위협하는 안킬로사우루스

LOCK ON!!

망치 같은 꼬리
안킬로사우루스와 한 번도 싸워본 적 없는 상대라도 그 거대한 뼈로 된 망치를 보면 경계할 수밖에 없다.

배틀 씬 2
약점을 노리다

안킬로사우루스를 관찰하던 스피노사우루스는 등 뒤 공격을 포기하고 앞쪽에서 달려들었다. 가늘고 좁은 주둥이를 상대의 몸 밑으로 밀어 넣어 앞발을 깊게 깨물었다.

방어가 약한 앞발을 공격!

가늘고 긴 턱
스피노사우루스의 턱은 한번 깨문 사냥감을 놓치지 않는다.

배틀 씬 3
스피노사우루스의 노련한 기술

안킬로사우루스가 다급히 날뛰지만 꼬리가 상대에게까지 닿지 않는다. 스피노사우루스는 안킬로사우루스의 앞발을 문 채 목을 두 앞발로 잡았다. 그런 다음 안킬로사우루스의 몸을 휙 뒤집었다.

스피노사우루스의 승리!

칼럼 5

공룡이 멸종한 이유

지금부터 6600만 년 전, 지구에서 지배자로 군림하던 공룡들이 갑자기 모습을 감추며 멸종하였다. 왜 공룡은 멸종되었을까? 공룡이 멸종한 이유에 관한 가장 유력한 가설 세 가지를 알아보자.

가설 ❶ 거대 운석의 충돌

현재 가장 유력한 가설은 거대 운석의 충돌로 공룡이 멸종하였다는 것이다. 우주에서 날아온 지름 10km 이상의 거대 운석이 현재의 멕시코 유카탄 반도 북쪽에 떨어졌고, 그 충돌로 생긴 대량의 먼지가 하늘로 솟아올라 햇빛을 가렸다. 햇빛이 가려지자 광합성을 못하게 된 식물이 사라졌고, 뒤를 이어 식물을 먹는 초식공룡이 모습을 감추었고, 연달아 초식공룡을 잡아먹던 육식공룡도 굶어 죽어 공룡이 멸종했다고 이 가설은 주장한다.

가설 ❷ 화산 활동

활발해진 화산 활동으로 공룡이 멸종했다는 가설도 있다. 백악기 말에 인도의 데칸 지역에서 시작된 거대한 화산 활동이 1백만 년 동안 계속되었다. 화산 활동으로 인해 하늘로 솟아오른 대량의 먼지가 햇빛을 가려 식물을 시들게 하였고, 이어서 공룡들도 멸종했다는 가설이다.

가설 ❸ 그 외의 가설들

운석 충돌과 화산 활동 외에도 공룡의 멸종 이유에 관한 가설로 아래의 세 가지가 있다. 그 밖에도 '진화한 식물을 초식공룡이 먹을 수가 없어서 공룡이 멸종했다'라든가 '어떤 이유로 공룡이 수컷만 태어나게 되어서 멸종했다' 등 공룡의 멸종 이유를 설명하는 가설은 다양하다.

대홍수

거대 혜성이 지구 가까이 통과했을 때 혜성의 중력에 영향을 받은 달도 지구에 더욱 가까이 오게 되었다. 옛날 달에는 물이 많았는데, 달이 지구에 가까이 오게 되자 지구의 중력으로 달에 있던 물이 지구로 쏟아져 대홍수가 일어났고, 공룡들이 대홍수 때문에 멸종했다는 가설이다.

전염병

공룡이 전 세계에 퍼진 강력한 전염병에 걸려서 멸종하였다는 가설이다. 그러나 이 가설로는 멀리 떨어진 섬에서 살던 공룡들까지 어떻게 전염되어 죽었는지 설명할 수 없다.

포유류의 영향

공룡시대가 끝나갈 백악기 무렵부터 힘을 키우기 시작한 작은 포유류가 공룡의 알을 전부 다 먹어치워서 공룡이 멸종했다는 가설이다. 그러나 이후에 계속된 연구로 백악기의 포유류가 공룡들의 먹잇감이었다는 사실이 밝혀지면서 이 가설은 더 이상 받아들여지지 않는다.

공룡 멸종에 관한 풀리지 않는 수수께끼

유력한 공룡 멸종설의 대부분은 지구환경에 미치는 영향이 매우 큰 것들이다. 공룡 전체가 지구에서 사라지는 원인이 될 정도의 사건이 일어났다면 어째서 도마뱀이나 악어와 같은 파충류와 조류, 포유류 등은 살아남을 수 있었을까? 이에 관해서는 죽은 식물과 동물 등 일조량에 큰 영향을 받지 않은 것을 먹으며 살아남았다는 가설이 있다. 그렇다면 공룡 중에서는 죽은 동물이나 시든 식물을 먹은 공룡이 아예 없었던 것일까? 이런 것만 보아도 공룡 멸종에 관해서는 여전히 풀어야 할 수수께끼가 많다.

칼럼 5

만약 공룡이 멸종하지 않았다면?

캐나다의 고생물학자 데일 러셀은 공룡이 멸종하지 않고 진화를 이어갔다면 지능이 발달해서 인간과 비슷한 모습이 되었을 것이라는 가설을 주장했다. 이 가설에 등장하는 인간을 닮은 공룡은 '디노사우로이드(공룡인간)'라고 불린다. 6600만 년 전에 공룡이 멸종하지 않았다면 지구는 공룡인간들의 세상이 되었을지도 모른다.

공룡이 계속 살아남았다면 이렇게 진화했을지도?

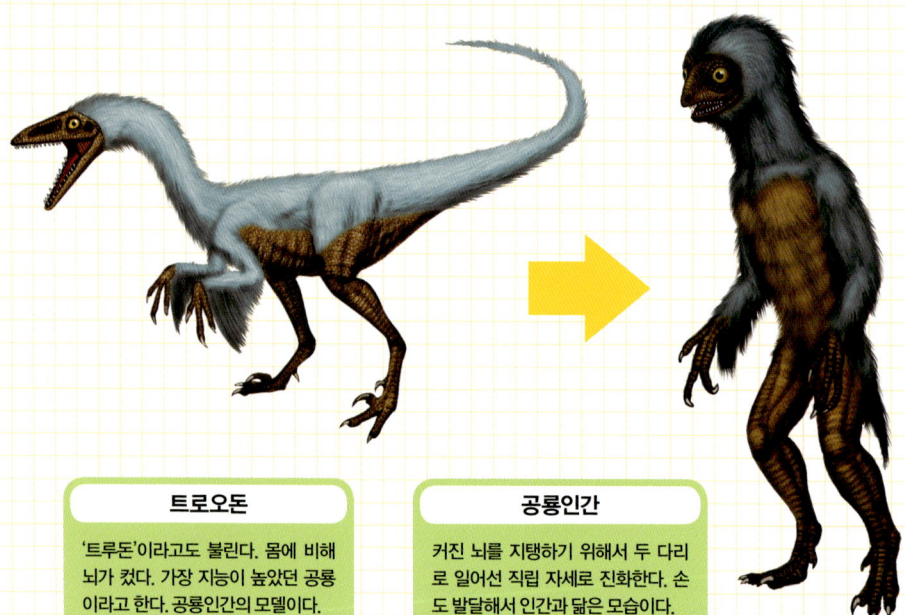

트로오돈
'트루돈'이라고도 불린다. 몸에 비해 뇌가 컸다. 가장 지능이 높았던 공룡이라고 한다. 공룡인간의 모델이다.

공룡인간
커진 뇌를 지탱하기 위해서 두 다리로 일어선 직립 자세로 진화한다. 손도 발달해서 인간과 닮은 모습이다.

※위의 '공룡인간' 그림은 1982년 캐나다 고생물학자 데일 러셀이 제시한 '디노사우로이드(공룡인간)' 그림을 토대로 현재 판명된 고생물 연구의 가설을 반영한 것이다.

공룡도 병에 걸리거나 이빨이 썩었을까?

공룡 화석 중에는 병에 걸린 흔적이 남은 것들이 있다. 그렇다면 공룡도 이빨이 썩었을까? 지금까지는 충치가 있는 공룡의 이빨 화석은 발견되지 않았다. 애초에 충치란 조미료 등이 포함된 다양한 것을 먹는 사람과 사육동물들에게만 나타나는 독특한 병이며, 야생동물은 이를 닦지 않아도 충치가 거의 생기지 않는다. 공룡도 야생동물과 마찬가지로 충치가 거의 생기지 않았을 것이다.

준결승-1

대지를 뒤흔드는 거대함
아르헨티노사우루스

- **분류** .... 용반목 용각아목 안타르크토사우루스과
- **생존시기** ...... 1억1000만~9300만 년 전
- **서식지** .... 남아메리카
- **몸크기** .... 몸길이 35~40m
- **식성** .... 초식

지난 회 대결 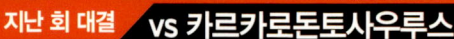 **100쪽**

아르헨티노사우루스의 목에 얻어맞은 카르카로돈토사우루스는 비틀거리면서도 상대에게 다가가 거대한 몸을 갈퀴발톱으로 찢고 물어뜯으려고 하였다. 그러나 아르헨티노사우루스는 몸통박치기로 카르카로돈토사우루스를 튕겨내고, 상대가 일어서기 전에 거대한 발로 짓밟았다.

작고 영악한 사냥꾼
데이노니쿠스

- 분류 ·············· 용반목 수각아목 드로마에오사우루스과
- 생존시기 ········· 1억 4400만~9900만 년 전
- 서식지 ············ 북아메리카
- 몸크기 ············ 몸길이 2.5~4m
- 식성 ··············· 육식

지난 회 대결 vs 케라토사우루스

데이노니쿠스들이 케라토사우루스를 둘러싸고 싸우던 중, 한 마리가 케라토사우루스의 꼬리에 맞고 땅에 떨어졌다. 케라토사우루스가 쓰러진 데이노니쿠스를 짓밟아 죽이려고 하자 남은 두 마리 데이노니쿠스가 격렬하게 케라토사우루스 얼굴에 달려들어서 발톱으로 눈을 깊게 찔렀다.

104쪽

119

준결승-1

대결 장소: **초원**

토너먼트 참가자 중 가장 크고 무거운 공룡과 가장 작고 가벼운 공룡이 맞붙었다. 데이노니쿠스들은 뛰어난 지능과 팀플레이로 대결에서 이길 수 있을까?

배틀 씬 1
데이노니쿠스들의 연속공격

데이노니쿠스들은 높게 올려다봐야 할 정도로 몸집이 큰 아르헨티노사우루스에게 달려들어 몸 여기저기에 상처를 낸다. 하지만 아르헨티노사우루스는 귀찮아할 뿐 별 타격이 없는 것 같다.

데이노니쿠스의 통하지 않는 공격

LOCK ON !!

점프 공격
점프해서 뒷발의 갈퀴 발톱으로 살을 베고 찢는 것이 데이노니쿠스의 특기인데 아르헨티노사우루스의 거대한 몸에는 효과가 없다.

LOCK ON !!

날렵한 몸
데이노니쿠스의 신체 능력은 매우 뛰어나다. 대형공룡의 몸에 기어오르는 것은 매우 쉬운 일이다.

배틀 씬 2
얼굴 공격에 움찔

데이노니쿠스 한 마리가 아르헨티노사우루스 몸에 기어올라 긴 목 위를 뛰어 머리에 도착해서는 얼굴을 공격하였다. 아르헨티노사우루스가 암전하다고 해도 눈과 콧구멍을 공격당하면 참기 어렵다.

데이노니쿠스가 머리 위에서 날뛰다!

배틀 씬 3
우쭐대던 상대를 응징하다

화가 난 아르헨티노사우루스는 세게 머리를 흔들어 머리 위의 데이노니쿠스를 날려버렸다. 높은 곳에서부터 땅에 떨어져 움직이지 못하는 동료를 보며 나머지 데이노니쿠스들은 슬금슬금 도망쳤다.

아르헨티노사우루스의 승리!

121

준결승-2

공룡 진화의 끝판왕
티라노사우루스

- **분류** .... 용반목 수각아목 티라노사우루스과
- **생존시기** ...... 7000만~6600만 년 전
- **서식지** .... 북아메리카
- **몸크기** .... 몸길이 12~13m
- **식성** .... 육식

지난 회 대결 vs 기가노토사우루스 108쪽

각 시대와 지역을 대표하는 왕들이 격렬하게 맞붙으며 싸움을 시작하였다. 기가노토사우루스가 먼저 엄니로 상대를 물었다. 그러나 티라노사우루스는 아픔을 견디며 머리로 박치기했고, 기가노토사우루스가 균형을 잃자 바로 목을 물어뜯었다. 왕들의 싸움은 턱 힘의 차이로 결판이 났다.

스피노사우루스

역사상 가장 거대한 수룡

- 힘
- 포악성
- 지구력
- 순발력
- 지능
- 스피드
- 공격력
- 방어력

- **분류** ······· 용반목 수각아목 스피노사우루스과
- **생존시기** ······· 9700만 년 전
- **서식지** ······· 아프리카
- **몸크기** ······· 몸길이 15~17m
- **식성** ······· 육식

지난 회 대결   VS 안킬로사우루스

112쪽

안킬로사우루스의 위협적인 꼬리를 본 스피노사우루스는 등 뒤에서 공격하려던 것을 포기하고 상대의 앞으로 가서 앞발을 물었다. 안킬로사우루스는 벗어나려고 발버둥 쳤지만, 스피노사우루스는 안킬로사우루스의 앞발을 문 채 두 앞발로 상대의 목을 잡아 몸을 휙 뒤집어버렸다.

배틀 씬 2

서로 물어뜯다

스피노사우루스는 얕은 물속으로 끌려온 티라노사우루스가 진흙에 발이 빠져 잘 움직이지 못하는 틈을 타 뒷다리를 물었다. 그러나 티라노사우루스는 아픔을 참으며 스피노사우루스의 등지느러미를 물었다.

막강한 무는 힘

티라노사우루스의 무는 힘은 최강이다. 스피노사우루스의 등지느러미는 무사하지 못할 것이다.

물가에서 서로 물어뜯는 거대 공룡들

배틀 씬 3

모든 것을 부수는 턱 힘

티라노사우루스의 깨물기에 스피노사우루스의 등지느러미 뼈가 부서졌다. 티라노사우루스는 아픔을 이기지 못하고 머리를 쳐든 스피노사우루스에게 달려들어 힘껏 목을 물어뜯었다.

티라노사우루스의 승리!

칼럼 6

공룡의 일생

공룡들은 어떻게 태어나고 어떻게 성장했을까? 얼마나 오래 살고 어떤 이유로 죽었을까? 지금까지 연구된 공룡의 일생을 알아보자.

공룡의 탄생

사람과 개, 고양이 등의 포유류는 어미가 새끼를 낳아 태어난다. 공룡의 가까운 친척인 조류와 파충류는 알을 낳고, 새끼는 알에서 태어난다. 공룡은 어땠을까? 대부분의 공룡도 알을 낳고 알에서 태어났다. 공룡 종류에 따라 낳는 알의 수는 차이가 있었지만 대개 15~30개 정도였다.

▲ 공룡의 탄생. 알껍데기를 깨고 나온 새끼들은 이미 그 부모와 모습이 같았다.

공룡은 새끼를 길렀을까?

새는 부모가 알을 품고 새끼가 태어나면 어느 정도 자랄 때까지 보살피고, 파충류도 악어처럼 새끼를 돌보는 종이 있다. 공룡도 알을 따뜻하게 품고 있거나 둥지 안의 새끼를 보살피는 흔적이 남은 화석이 발견되었다. 몇몇 공룡들은 어른 공룡들이 협력해서 새끼 공룡들을 지키기도 하였다. 모든 공룡이 새끼를 길렀는지는 알 수 없지만 새끼를 보살핀 공룡들이 존재했던 것은 틀림없는 사실이다.

공룡의 성장 속도

일반적으로 체구가 큰 동물은 다 자라기까지 오랜 시간이 걸린다. 공룡도 거대한 종류는 성장하기까지 10년 이상 걸렸다. 성장 속도는 일정하지 않았고, 급격하게 몸이 커지는 '성장기'가 있었다. 오른쪽 표는 티라노사우루스의 성장 상황을 기록한 것으로, 티라노사우루스는 10살부터 20살 정도까지가 성장기이며, 그 외의 시기는 조금씩 느리게 성장하였다.

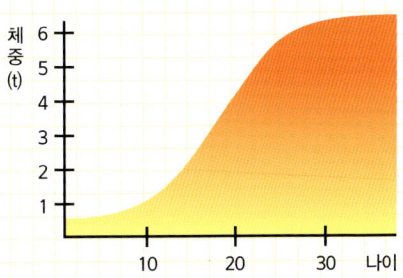

티라노사우루스의 성장표

공룡의 수명

공룡의 수명은 종류에 따라 다양하였다. 아래 표는 사람과 지금 살고 있는 동물들, 그리고 몇몇 공룡의 수명을 비교한 것이다. 일반적으로 몸집이 작은 공룡일수록 수명이 짧고, 거대한 공룡일수록 수명이 길었다. 물론, 많은 공룡은 표에 나온 수명까지 살지 못하고 다른 공룡에게 잡아먹히거나 병 또는 상처로 일찍 죽었을 것이다. 대형 육식공룡조차 태어난 뒤 2년 안에 약 60%가 죽었다고 한다.

수명이 긴 공룡
브라키오사우루스

다양한 동물의 평균 수명

- 인간: 약 80년
- 개: 10~15년
- 사자: 수컷 약 10년, 암컷 약 15년
- 아프리카코끼리: 약 70년
- 소형 수각아목 (데이노니쿠스 등): 약 5년
- 대형 수각아목 (티라노사우루스 등): 약 30년
- 용각아목 (브라키오사우루스 등): 100년 이상

결승

대지를 뒤흔드는 거대함
아르헨티노사우루스

- 분류 ············· 용반목 용각아목 안타르크토사우루스과
- 생존시기 ········ 1억1000만~9300만 년 전
- 서식지 ············ 남아메리카
- 몸크기 ············ 몸길이 35~40m
- 식성 ·············· 초식

지난 회 대결 vs 데이노니쿠스

120쪽

데이노니쿠스들은 차례차례 아르헨티노사우루스에게 달려들었지만, 큰 상처를 입히지 못하였다. 그중 한 마리가 아르헨티노사우루스의 목을 타고 머리로 뛰어가 얼굴을 공격하였다. 민감한 부위에 상처를 입자 아르헨티노사우루스는 화가 나서 상대를 땅에 내팽개쳤고, 나머지 데이노니쿠스들은 깜짝 놀라 도망갔다.

S

힘 · 포악성 · 순발력 · 스피드 · 방어력 · 공격력 · 지능 · 지구력

공룡 진화의 끝판왕
티라노사우루스

- 분류 ············ 용반목 수각아목 티라노사우루스과
- 생존시기 ········ 7000만~6600만 년 전
- 서식지 ·········· 북아메리카
- 몸크기 ·········· 몸길이 12~13m
- 식성 ············ 육식

지난 회 대결 vs 스피노사우루스

스피노사우루스는 턱과 앞발을 사용해 티라노사우루스를 얕은 물속으로 끌고 갔다. 바닥의 진흙 때문에 티라노사우루스가 자세를 똑바로 못 잡는 틈을 타 스피노사우루스는 상대의 뒷발을 물었다. 그러나 티라노사우루스도 바로 스피노사우루스의 등지느러미를 깨물었고, 뼈가 으스러지는 아픔을 참지 못해 머리를 쳐든 스피노사우루스의 목을 물었다.

124쪽

결승

대결 장소 초원

가장 몸집이 큰 공룡과 가장 무는 힘이 강한 공룡 간의 대결이 펼쳐진다. 최강 공룡왕의 자리에 앉는 공룡은 누구일까?

배틀 씬 1
아르헨티노사우루스의 견고한 방어

티라노사우루스는 상대의 옆으로 접근해 몸통을 깨물려고 하지만 오히려 아르헨티노사우루스가 휘두른 꼬리에 얻어맞고 몸통박치기까지 당해 비틀거린다.

아르헨티노사우루스의 넘치는 힘!

LOCK ON!!

육중한 몸
역사상 체구가 가장 큰 몸은 그 자체가 강력한 무기다. 체중을 실은 꼬리 공격과 몸통박치기의 위력은 막강하다.

거대한 다리를 깨물어 부수다!

배틀 씬 2
깨물기 반격

티라노사우루스가 방어를 뚫고 돌진하여 상대의 앞발을 물었다. 티라노사우루스의 엄청난 턱 힘에 아르헨티노사우루스는 꼼짝 못한다!

LOCK ON!!

최강의 턱 힘
티라노사우루스의 턱 힘은 막강해서 자동차도 깨물어 부술 정도다.

배틀 씬 3
승부를 가른 턱 힘

티라노사우루스의 엄니가 아르헨티노사우루스의 살과 근육을 찢고 뼈까지 부수었다. 땅을 뒤흔들며 쓰러지는 아르헨티노사우루스의 목을 노리고 티라노사우루스가 달려든다!

최강 공룡왕은 티라노사우루스!

칼럼 7

공룡 이빨과 발톱의 실제 크기

오늘날 사자와 악어 그리고 늑대 등도 거대한 엄니(이빨)와 발톱을 가지고 있지만, 그들보다 더 몸집이 큰 공룡은 얼마나 큰 엄니와 발톱을 가지고 있었을까? 역사상 가장 몸집이 큰 육식공룡 티라노사우루스의 엄니와 발톱 그리고 눈을 원래 크기로 소개한다.

티라노사우루스의 골격

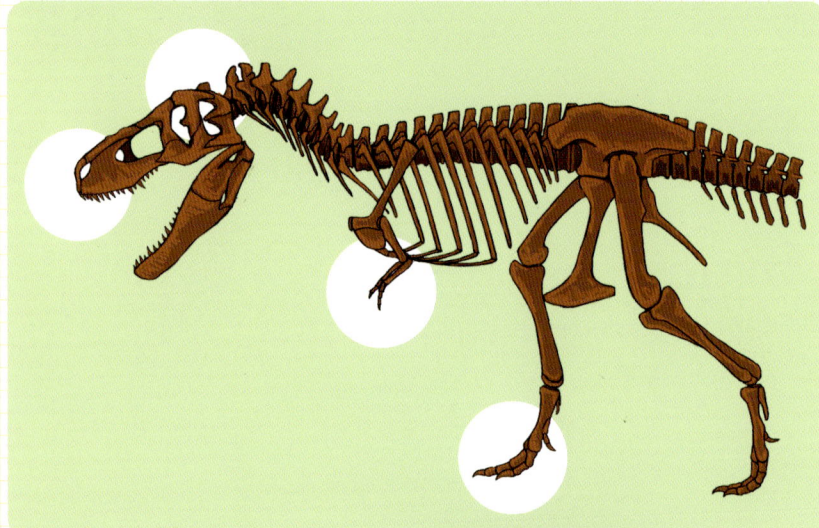

눈
약 8cm

눈이 앞쪽을 향해 있어서 사냥감과의 거리를 파악하기 쉬웠다.

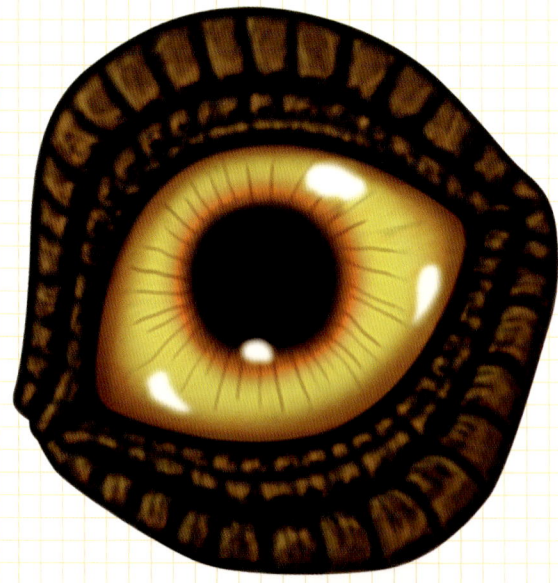

※뼈와 달리 눈은 화석으로 남지 않기 때문에 추정한 크기를 제시하였다.

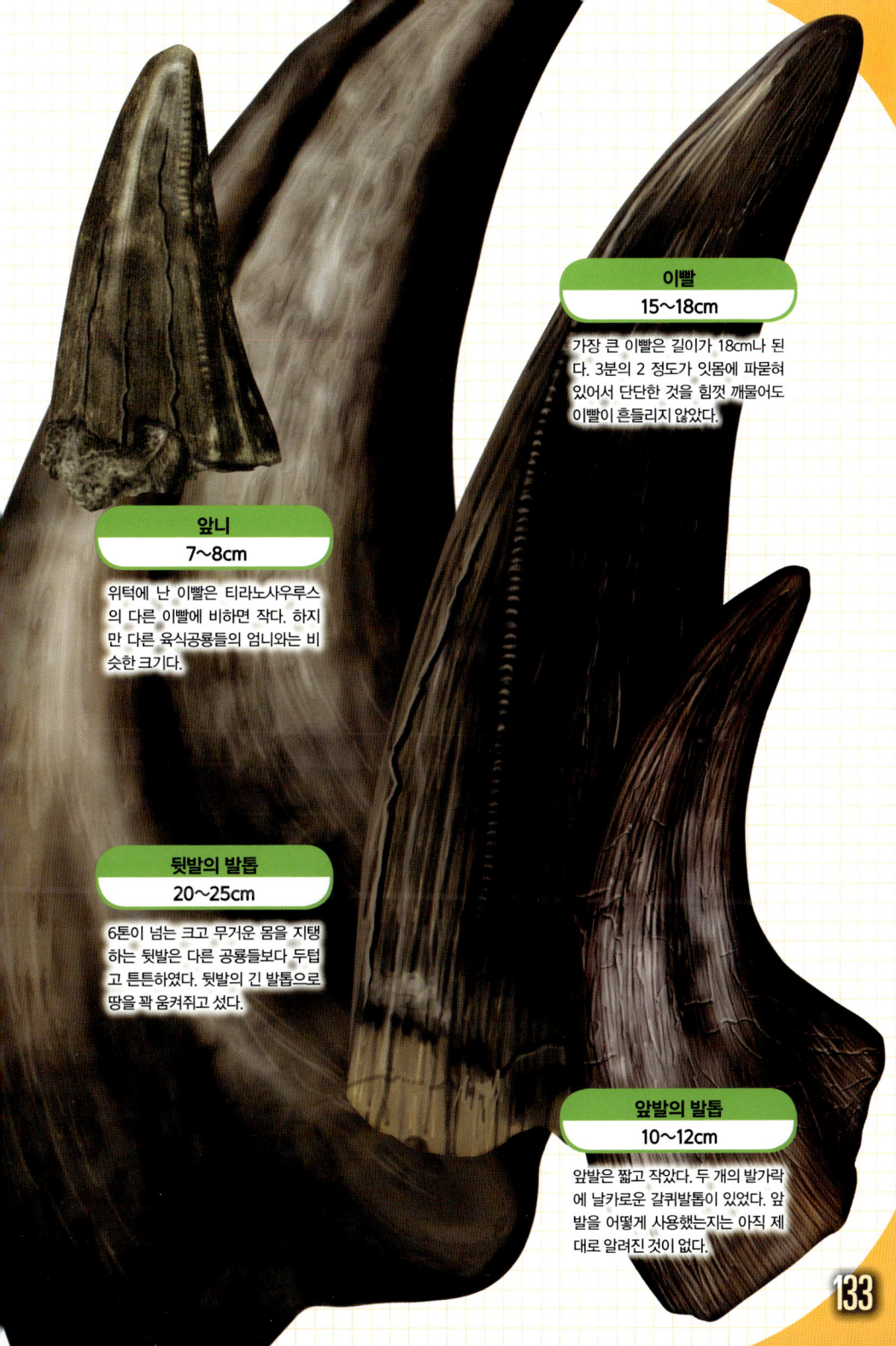

이빨
15~18cm

가장 큰 이빨은 길이가 18cm나 된다. 3분의 2 정도가 잇몸에 파묻혀 있어서 단단한 것을 힘껏 깨물어도 이빨이 흔들리지 않았다.

앞니
7~8cm

위턱에 난 이빨은 티라노사우루스의 다른 이빨에 비하면 작다. 하지만 다른 육식공룡들의 엄니와는 비슷한 크기다.

뒷발의 발톱
20~25cm

6톤이 넘는 크고 무거운 몸을 지탱하는 뒷발은 다른 공룡들보다 두껍고 튼튼하였다. 뒷발의 긴 발톱으로 땅을 꽉 움켜쥐고 섰다.

앞발의 발톱
10~12cm

앞발은 짧고 작았다. 두 개의 발가락에 날카로운 갈퀴발톱이 있었다. 앞발을 어떻게 사용했는지는 아직 제대로 알려진 것이 없다.

대 결 을

최종 우승자는 티라노사우루스

우승자인 티라노사우루스는 다른 공룡들을 압도하는 턱 힘으로 모든 토너먼트에서 승승장구하였다. 최신 연구에 따르면 티라노사우루스의 무는 힘은 오늘날 악어의 8배 이상이고, 대형 육식공룡인 알로사우루스의 약 6배이며, 기가노토사우루스와 비교해도 3배 정도 더 강했다고 한다. 무시무시한 무는 힘을 자랑하는 티라노사우루스와 제대로 맞서서 이기기는 어려웠을 것이다.

티라노사우루스의 대항마들

티라노사우루스에게 그나마 대항할 수 있는 상대는 대형 육식공룡인 기가노토사우루스나 스피노사우루스, 카르카로돈토사우루스일 것이다. 그러나 기가노토사우루스나 스피노사우루스, 카르카로돈토사우루스의 턱은 티라노사우루스처럼 뼈를 부술 만큼 힘이 강하지 않다. 따라서 위의 세 공룡이 티라노사우루스를 문다고 한들 한 번에 치명상을 입히기는 어려울 것이다. 그러나 싸우는 장소에 따라서 결과가 바뀔 수도 있다. 예를 들어, 스피노사우루스가 깊은 물속으로 티라노사우루스를 끌고 들어갈 수 있다면 이길 가능성이 커진다.

몸집과 힘, 무기 등 모든 것을 종합적으로 따졌을 때 티라노사우루스에는 미치지 못하지만, 기가노토사우루스와 스피노사우루스 그리고 카르카로돈토사우루스를 공룡세계의 강자로 평가해야 할 것이다.

마치며

초식공룡의 겨루기 실력은?

뿔이나 뼈로 된 갑옷 등 다양한 무장을 한 초식공룡은 강해 보이지만 실제 토너먼트에서는 대부분 졌다. 초식공룡의 무기가 대형 육식공룡에게 통하지 않은 것이다. 애초에 대형 육식공룡의 먹이가 초식공룡이기 때문에 당연한 결과이다. 대표적 각룡류 공룡인 트리케라톱스와 티라노사우루스는 숙명의 라이벌처럼 영화나 만화에서 그려지지만, 사실 트리케라톱스는 티라노사우루스의 먹잇감일 뿐이었다.

대형 육식공룡과의 대결에서 이길 가능성이 있는 초식공룡은 방어용 무기를 가진 공룡이 아니라 거대한 몸집을 자랑하는 용각류 공룡이다. 브라키오사우루스나 아르헨티노사우루스 정도의 체격이라면 대형 육식공룡을 꼬리로 쳐서 쓰러뜨린 후 짓밟아 이길 수 있다.

토너먼트 참가 공룡들의 겨루기 실력은?

가장 강한 공룡은 토너먼트에서 우승한 티라노사우루스이고, 그 다음을 꼽으라면 대형 육식공룡인 기가노토사우루스와 카르카로돈토사우루스 그리고 스피노사우루스일 것이다. 초식공룡 중 위의 세 육식공룡과 맞먹을 수 있는 공룡은 거대한 몸집을 자랑하는 아르헨티노사우루스이다. 아르헨티노사우루스보다는 체격이 좀 작지만 브라키오사우루스도 힘센 초식공룡이다.

이렇게 최강 공룡의 순서를 매겼지만 사실 공룡에 관해서는 연구가 계속 진행 중이다. 능력과 생태에 관한 새로운 사실이 밝혀지면서 어떤 공룡에 관한 정보는 완전히 새롭게 바뀌기도 하고, 매년 새로운 종류의 공룡이 발견되기도 한다. 지금까지의 연구에 따르면 최강 공룡은 티라노사우루스지만, 어느 날 갑자기 우리의 상상을 뛰어넘는 더 강한 공룡이 발견될 수도 있다.

공룡에 관한 지식이 깊어지는
용어집

공룡의 크기를 재는 법과 고대생물과 관련된 용어를 설명한다. 공룡의 크기는 몸의 전체 길이와 몸높이로 재고, 익룡은 날개 길이로 크기를 재는 것이 일반적이다.

크기 재는 방법

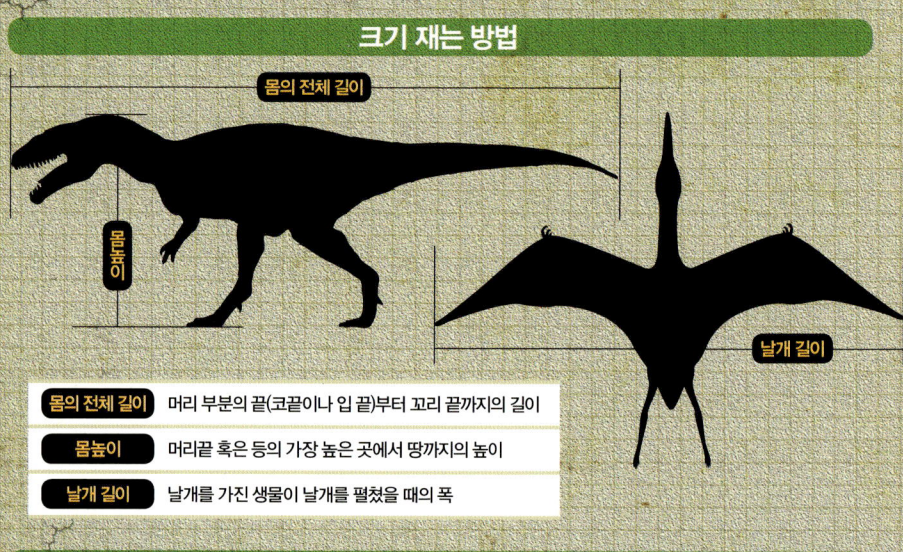

- **몸의 전체 길이** 머리 부분의 끝(코끝이나 입 끝)부터 꼬리 끝까지의 길이
- **몸높이** 머리끝 혹은 등의 가장 높은 곳에서 땅까지의 높이
- **날개 길이** 날개를 가진 생물이 날개를 펼쳤을 때의 폭

용어

가설
어떤 사실을 설명하려고 임시로 정리한 생각이나 이론

갈퀴발톱
갈고리 모양의 발톱. 발톱의 끝이 대체로 날카롭고 뾰족하다. 지면을 발톱으로 찍어서 걷거나 싸울 때 무기로 쓴다.

고생물학
과거에 살았던 생물의 분류와 생태 그리고 진화 등에 관하여 연구하는 학문이다. 공룡 연구자들도 고생물학자이다.

골격
동물의 체구를 떠받드는 뼈대

골반
허리 부분에 있는 뼈. 장골과 치골 그리고 좌골의 세 부분으로 되어 있다. 기본적으로 치골이 머리 쪽을 향해 있으면 용반목이고 꼬리 쪽을 향하면 조반목이다.

기낭
조류의 가슴 또는 배 속에 있는 공기를 모아두는 주머니. 호흡을 잘하게 돕고 몸을 가볍게 한다.

깃털공룡
새처럼 온몸이 깃털로 덮였거나 몸 일부에 깃털이 난 공룡의 종류를 부르는 명칭. 추위로부터 몸이나 알을 보호하기 위해 깃털이 발달하였다고 추측한다.

등지느러미
등에 있는 지느러미. 스피노사우루스 외에 몇몇 공룡이 등지느러미를 가지고 있었다. 등지느러미는 체온 조절과 동료끼리 경쟁할 때 사용되었다.

멸종
생물의 한 종이 전부 사라져서 어디에도 존재하지 않는 것. 공룡은 중생대에 많이 살았지만, 중생대 말에 멸종되었다.

볏
머리 위에 있는 살 조각 돌기

뿔
동물의 머리에 단단하고 뾰족하게 솟은 부분. 머리뼈가 변해서 뿔이 된 경우가 많다. 백악기에는 트리케라톱스처럼 긴 뿔을 가진 각룡류가 많았다.

사족보행
땅 위에서 동물이 네 다리로 이동하는 것

선제공격
싸울 때 상대보다 먼저 공격하는 것

소형
규모나 규격이 작은 것

수명
생물의 목숨

수장룡
중생대 때 살았던 수생 파충류

엄니
크게 발달한 이빨. 육식동물은 대부분 사냥을 하거나 고기를 찢고 뜯기 위해서 거대한 엄니를 가졌다.

운석
유성이 지구의 대기를 뚫고 들어올 때 다 타지 않은 상태에서 땅 위로 떨어진 것

위협
크고 날카로운 엄니나 뿔을 보이거나 크게 으르렁거리는 소리를 내서 상대를 겁주는 행동. 불필요한 싸움을 피하고자 경고를 하는 행위다. 초식공룡의 갑옷도 위협하는 역할을 하였다.

육식
식물이 아니라 동물의 살이나 곤충 등을 먹는 식성. 티라노사우루스나 데이노니쿠스 등 수각류 공룡은 대부분 육식공룡이다.

이족보행
땅 위에서 동물이 두 다리로 이동하는 것

익룡
중생대에 살던, 날개로 하늘을 난 파충류

전염병
어떤 상대에게 병균을 옮기는 병을 통틀어 이르는 명칭

정강이뼈
아랫다리에서 종아리 안쪽에 있는 뼈

직립
꼿꼿하게, 똑바로 서는 것

진화
생물이 여러 세대를 거치면서 생활환경의 변화나 외부의 적에 대항하기 위해 점차 변화해온 것

체격
골격, 근육 등으로 드러나는 전체적인 몸의 모습

체구
몸의 덩치

초식
풀과 나무껍질, 과일 등 식물을 주로 먹는 식성. 수각류 이외의 공룡은 기본적으로 초식공룡이었다고 알려져 있다.

충치
썩은 이빨

토너먼트
경기를 할 때마다 진 편은 빼고 이긴 편끼리 싸워 마지막에 남은 두 편이 우승을 다투는 방식

파충류
피부가 비늘 같은 각질로 덮여 있고, 네 발과 긴 꼬리를 가진 동물. 보통 알을 낳는다. 공룡을 포함해 뱀, 거북, 악어 등이 파충류에 속한다.

평균
여러 숫자나 양의 중간값을 낸 것

포식자
파충류나 어류 등 다른 동물을 사냥하여 잡아먹는 육식동물. 사냥하지 않고 죽은 동물의 썩은 고기를 주로 먹는 동물은 포식자가 아니다.

포유류
머리, 몸통, 목, 꼬리의 네 부분으로 몸이 구성되며, 어미가 젖을 먹여 새끼를 키우는 동물군. 사자, 고양이, 개, 고래, 코끼리, 표범, 사슴 등이 있다.

화석
죽은 생물이 오랜 세월 동안 흙에 묻힌 후 형태가 유지된 상태에서 다른 물질로 변화한 것. 발자국이나 둥지를 만든 흔적이 화석으로 남기도 한다.

DNA
생물의 세포 속에 있으며, 유전자 정보가 들어 있는 물질. 긴 시간이 흐르면 DNA가 부서지기 때문에 공룡의 완전한 유전자 정보를 알아내는 것은 어렵다.

더 알아보는
공룡정보

이 책에 등장한 공룡을 소개한다. 공룡이 등장한 쪽을 참조하여 각 공룡의 생태와 특징, 싸우는 모습을 확인해보자.

아르헨티노사우루스
63·99·118·128쪽

발견된 화석은 몸 일부뿐이지만, 등뼈 한 마디의 길이가 130cm에 정강이뼈 길이는 무려 150cm에 이르는 거대 공룡이다. 육지에서 사는 동물이 가질 수 있는 몸집의 최대치에 다다른, 역사상 몸집이 가장 큰 공룡이라는 평가를 받는다.

- 생존시기 ▶ 1억1000만~9300만 년 전
- 서식지 ▶ 남아메리카
- 몸크기 ▶ 몸길이 35~40m
- 식성 ▶ 초식

알로사우루스
36·77쪽

쥐라기의 가장 거대한 육식공룡이다. 몸집은 크지만 몸매가 날렵하고 운동능력이 뛰어났으며, 무리를 지어서 대형 초식공룡을 사냥하였다. 알로사우루스는 새끼부터 늙은 공룡에 이르기까지 다양한 연령대의 화석이 발견되고 있다.

- 생존시기 ▶ 1억5500만~1억4500만 년 전
- 서식지 ▶ 북아메리카
- 몸크기 ▶ 몸길이 7~12m
- 식성 ▶ 육식

안킬로사우루스
45·85·110·123쪽

작은 판 모양의 뼈들이 갑옷처럼 몸을 덮고 있었던 갑옷공룡류 중 몸집이 가장 컸다. 뼈로 된 판의 속이 비어있었기 때문에 체중은 많이 나가지 않았다. 꼬리 끝에 달린 단단한 혹을 휘둘러 적을 물리쳤다.

- 생존시기 ▶ 6800만~6600만 년 전
- 서식지 ▶ 북아메리카
- 몸크기 ▶ 몸길이 6~10m
- 식성 ▶ 초식

암펠로사우루스
48·88쪽

목과 꼬리가 긴 용각류 공룡으로, 그중에서는 크기가 보통이었다. 목부터 시작해 등과 꼬리 부분에 걸쳐 판 모양의 뼈와 가시가 갑옷처럼 덮고 있었다. 이 뼈와 가시는 다른 육식공룡의 공격으로부터 몸을 보호하였다.

- 생존시기 ▶ 1억~6600만 년 전
- 서식지 ▶ 유럽
- 몸크기 ▶ 몸길이 15~18m
- 식성 ▶ 초식

이구아노돈
18·59쪽

공룡의 존재가 아직 밝혀지지 않았던 시절, 화석이 발견된 최초의 공룡이다. 평소에는 네 발로 걷다가 때에 따라서는 두 발로도 걸었던 초식공룡으로, 앞발에 날카로운 송곳처럼 뾰족하게 나 있었던 엄지발톱이 특징이다.

- 생존시기 ▶ 1억5000만~1억2600만 년 전
- 서식지 ▶ 유라시아 대륙, 아프리카, 북아메리카
- 몸크기 ▶ 몸길이 7~10m
- 식성 ▶ 초식

카르카로돈토사우루스
19·59·98·118쪽

상어처럼 날카로운 이빨을 가진 대형 육식공룡이다. 턱의 폭이 좁아서 먹잇감을 뼈째 씹어먹었다기보다는 살을 찢어서 먹었던 것으로 보인다. 중기 백악기 아프리카에서 먹이사슬의 꼭대기를 차지했던 공룡이다.

- 생존시기 ▶ 1억~9300만 년 전
- 서식지 ▶ 아프리카
- 몸크기 ▶ 몸길이 10~14m
- 식성 ▶ 육식

기가노토사우루스   40·80·107·122쪽

생존시기	9800만~9600만 년 전
서식지	남아메리카
몸크기	몸길이 12~14m
식성	육식

알로사우루스의 친척으로, 남아메리카에서 발견된 육식공룡 중 가장 크다. 무리를 지어서 아르헨티노사우루스 같은 거대한 용각류 공룡들을 사냥하였다.

케찰코아틀루스   27·67쪽

생존시기	7500만~6600만 년 전
서식지	북아메리카
몸크기	날개 길이 11m
식성	육식

역사상 몸집이 가장 큰 익룡이다. 몸무게는 70kg 정도로, 뼈의 속이 비어있어서 몸집에 비해 상당히 가벼웠다. 큰 날개를 펴고 상승기류를 타며 하늘을 날았다. 주로 물고기나 작은 공룡을 사냥하였다.

케라토사우루스   71·103·119쪽

생존시기	1억6000만~1억4000만 년 전
서식지	북아메리카
몸크기	몸길이 4.5~8m
식성	육식

중간 정도 크기의 육식공룡으로, 앞발에 4개의 날카로운 발톱이 있었다. 몸집에 비해 엄니가 상당히 길었다. 날카로운 엄니로 대형 초식공룡을 사냥해서 먹었다.

사우로펠타   41·80쪽

생존시기	1억2500만~1억 년 전
서식지	북아메리카
몸크기	몸길이 5~6m
식성	초식

작은 판 모양의 뼈가 갑옷처럼 몸을 덮고 있었던 갑옷공룡이다. 목부터 어깨까지 날카로운 가시가 나 있었는데, 그중 목의 양옆에 자란 가시가 특히 길어서 자신을 노리는 육식공룡을 위협하는 데에 효과적이었던 것으로 보인다.

살코수쿠스   49·88·111쪽

생존시기	1억1000만 년 전
서식지	아프리카
몸크기	몸길이 10~12m
식성	육식

역사상 몸집이 가장 큰 악어이다. 길게 뻗은 턱에는 100개 이상의 날카로운 이빨이 나 있었다. 수중생활을 했고, 물고기나 물가에 온 공룡 등을 잡아먹었다.

수코미무스   22·62·99쪽

생존시기	1억1000만~1억 년 전
서식지	아프리카
몸크기	몸길이 11m
식성	육식

악어 같은 턱을 가진 대형 육식공룡이다. 130개나 되는 이빨은 입안으로 휘어져 나 있어서 문 먹잇감을 놓치지 않았다. 물가에서 살면서 긴 턱과 큰 앞발로 물고기를 사냥하였다.

스테고사우루스　　　　　　　66·102쪽

목과 등, 꼬리에 판 모양의 뼈들이 솟아난 형태로 자라나 있던 초식공룡이다. 판 모양의 뼈는 암컷의 관심을 끌기 위한 장식으로 그다지 단단하지 않았다. 자신을 노리는 육식공룡들을 꼬리 끝에 달린 4개의 가시로 위협하였다.

- 생존시기 ▶ 1억5500만~1억4500만 년 전
- 서식지 ▶ 아시아(중국), 북아메리카
- 몸크기 ▶ 몸길이 7~9m
- 식성 ▶ 초식

스피노사우루스　　　　　89·111·123·129쪽

역사상 가장 큰 육식공룡으로, 등에 돛 모양의 큰 지느러미가 있었다. 물속에서 생활하면서 주로 물고기를 잡아먹었다. 앞발이 상당히 컸고, 육식공룡으로는 드물게 네 발로 걸었던 것으로 보인다.

- 생존시기 ▶ 9700만 년 전
- 서식지 ▶ 아프리카
- 몸크기 ▶ 몸길이 15~17m
- 식성 ▶ 육식

데이노니쿠스　　　　　26·67·102·119·128쪽

몸집은 작지만 지능이 높고 무리 생활을 한 육식공룡이다. 뒷발에 15cm나 되는 큰 갈퀴발톱이 있었다. 평소에는 뒷발의 갈퀴발톱이 상하지 않게 위쪽으로 향한 상태로 두지만 사냥할 때에는 발톱을 아래로 내려 먹잇감의 몸을 찔렀다.

- 생존시기 ▶ 1억4400만~9900만 년 전
- 서식지 ▶ 북아메리카
- 몸크기 ▶ 몸길이 2.5~4m
- 식성 ▶ 육식

티라노사우루스　　　　　76·106·122·129쪽

거대한 머리와는 어울리지 않게 앞발이 작았던 대형 육식공룡이다. 사냥감과의 거리를 잘 측정하는 눈과 냄새를 잘 맡는 코를 가지고 있었다. 턱 힘이 엄청나서 사냥감의 뼈까지 깨물어 먹었다.

- 생존시기 ▶ 7000만~6600만 년 전
- 서식지 ▶ 북아메리카
- 몸크기 ▶ 몸길이 12~13m
- 식성 ▶ 육식

딜로포사우루스　　　　　　　23·62쪽

중간 정도 몸집의 육식공룡이다. 머리에는 짝을 유혹하는 데에 사용된 것으로 보이는 볏이 있었다. 턱이 가늘고 무는 힘도 약해서 작은 동물이나 물고기 등을 사냥해서 먹었다.

- 생존시기 ▶ 2억~1억8300만 년 전
- 서식지 ▶ 아시아(중국), 북아메리카
- 몸크기 ▶ 몸길이 5~7m
- 식성 ▶ 육식

테리지노사우루스　　　　　　　58·98쪽

대부분의 수각류 공룡이 육식공룡이지만, 테리지노사우루스는 수각류 공룡이면서 초식공룡이다. 커다란 앞발에 있는 70cm 이상의 긴 갈퀴발톱으로 나뭇가지를 끌어당겨 잎사귀를 먹었다.

- 생존시기 ▶ 7500만~7000만 년 전
- 서식지 ▶ 아시아(몽골)
- 몸크기 ▶ 몸길이 8~11m
- 식성 ▶ 초식

트리케라톱스

생존시기	7000만~6600만 년 전
서식지	북아메리카
몸크기	몸길이 8~9m
식성	초식

37・77・106쪽

각룡류 공룡 중 가장 몸집이 컸다. 머리에 3개의 뿔이 있었는데, 눈 위쪽에 난 2개의 뿔은 길이가 1.8m나 되었다. 다른 각룡류 공룡보다 머리에 상처가 있는 화석이 많은 것으로 보아, 동료들과 뿔을 맞대고 격렬한 힘겨루기를 했던 것 같다.

파키케팔로사우루스

생존시기	7600만~6800만 년 전
서식지	북아메리카
몸크기	몸길이 4~7m
식성	초식

30・70쪽

최대 두께가 30cm나 되는 두껍고 단단한 머리뼈로 적과 싸울 때 박치기를 하였다. 수컷의 경우, 암컷의 관심을 끌기 위해 머리뼈가 크게 발달했다는 추측도 있다. 몸이 날씬하고 달리기도 빨랐다.

브라키오사우루스

생존시기	1억5000만~1억4500만 년 전
서식지	아프리카, 북아메리카
몸크기	몸길이 25m
식성	초식

81・107쪽

대형 용각류 공룡이다. 뒷다리보다 앞다리가 길어서 어깨 위치가 상당히 높았다. 큰 키를 이용하여 높은 곳에 있는 식물을 먹었다.

펜타케라톱스

생존시기	7500만~6800만 년 전
서식지	북아메리카
몸크기	몸길이 7~8m
식성	초식

31・70・103쪽

머리 뒤에 거대한 목 장식이 있던 대형 각룡류 공룡이다. 코 위에 있는 1개의 뿔과 눈 위에 있는 2개의 뿔 외에도 얼굴 옆과 목 장식에 크고 작은 뿔이 많이 나 있었다. 육식공룡에게 공격당할 때 뿔들로 몸을 지켰다.

유티라누스

생존시기	1억2500만 년 전
서식지	아시아(중국)
몸크기	몸길이 9m
식성	육식

44・85쪽

깃털이 몸을 덮고 있었던 육식공룡이다. 깃털공룡은 몸집이 작은 경우가 많은데 그중에서는 몸집이 컸다. 서식지의 기온이 낮아 추위를 견디기 위해 깃털이 자란 것으로 추측된다.

유타랍토르

생존시기	1억2500만~1억2000만 년 전
서식지	북아메리카
몸크기	몸길이 5~7m
식성	육식

84・110쪽

긴 다리와 꼬리 그리고 날렵한 몸매를 가진 중형 육식공룡이다. 지능과 운동능력이 뛰어났고, 무리 지어 사냥한 무서운 포식자였다. 뒷발에 난 20cm 길이의 갈퀴발톱은 사냥감의 몸을 찢는 강력한 무기였다.

시범 경기

둔클레오스테우스 53쪽

엘라스모사우루스 93쪽

리드시크티스 52쪽

모사사우루스 92쪽

기타

이크티오사우루스 75쪽

디모르포돈 74쪽

오비랍토르 96쪽

틸로사우루스 75쪽

트로오돈 116쪽

프테라노돈 74쪽

후타바사우루스 75쪽

마이아사우라 96쪽

참고문헌

『Dinosaurs: A Field Guide』
Gregory S. Paul 저 (A&C Black)

『홀츠 박사의 최신공룡사전』
Thomas R. Holtz Jr. 저・Luis V. Rey 그림 (AsakuraPub)

『공룡학 입문 - 형태・생태・멸종』
David E. Fastovsky, David B. Weishampel 저 (TokyoKagakudouzin)

『공룡(학연사의 도감 LIVE)』
Makoto Manabe 감수 (Gakken)

『신판 공룡 DVD(소학관의 도감 NEO)』
Yukimitsu Tomida 저・감수 (Shougakukan)

『공룡 개정판(움직이는 도감 MOVE)』
Kobayashi Yositugu 저 (Kodansha)

『공룡(포푸라디아 대도감 WONDA)』
Makoto Manabe 감수 (POPLAR PUBLISHING CO., LTD.)

『실물 크기 공룡도감』
David Bergen 저 (komineshoten)

『쥐라기의 생물』
Tsuchiya Ken 저 (Gijutsu-Hyohron Co. Ltd.)

『백악기의 생물 상권/하권』
Tsuchiya Ken 저 (Gijutsu-Hyohron Co. Ltd.)

『성인을 위한 '공룡학'』
Tsuchiya Ken 저 (Shodensha)

『티라노사우루스는 무서워』
Tsuchiya Ken 저 (Bungeishunju Ltd.)

※이 외에도 다수의 책, 웹사이트, 신문기사, 영상 등을 참고하였습니다.

【감수】
Saneyoshi Tatsuo
동물학자이자 동물 전문 작가인 Saneyoshi Tatsuo 선생님은 1929년에 일본 히로시마에서 태어났습니다. 도쿄 농업대학을 졸업하고 노게야마 동물원에서 근무했습니다. 1955년부터 1962년까지는 브라질에서 여러 동물을 연구했고, 일본으로 돌아온 뒤로는 동물 관련 책과 논픽션을 쓰는 작가로 활동하고 있습니다. 『동물해체신서』(Shinkigensya), 『너무나 재미있는 동물기』(Softbank creative)』, 『최강 동물왕』, 『최강 동물왕: 멸종동물편』(Gakken Plus) 등 90권이 넘는 책을 썼습니다.

【번역】
김건
일본의 교토세이카 대학교에서 석·박사 과정을 수료한 김건 선생님은 현재 공주대학교와 경기예술고등학교에서 만화에 관해 가르치면서 다양한 삽화 작업과 일한·한일 번역 작업에 몰두하고 있습니다. 번역서로는 『최강 동물왕』, 『최강 동물왕: 멸종동물편』이 있습니다.

허재원
어린 시절 일본에서 생활하면서 일본의 문화와 사회를 접한 허재원 선생님은 대학을 졸업한 후 다시 일본으로 건너가 도쿄 대학교 공과대학 석·박사 과정을 수료했습니다. 현재는 다양한 일한·한일 번역 작업을 하고 있습니다. 번역서로는 『최강 동물왕』 시리즈, 『힐링태교』 시리즈 등이 있습니다.

허재훈
유년시절을 일본에서 보내며 일본의 문화와 언어에 지식이 깊은 허재훈 선생님은 다양한 일한·한일 번역 작업에 참여하면서, 한일 간 사회·문화 교류에 이바지하기 위해 열심히 연구하고 있습니다.

최강공룡왕

지은이 학연 컨텐츠 개발팀
감수 Saneyoshi Tatsuo
펴낸이 정규도
펴낸곳 (주)다락원

초판 1쇄 발행 2017년 7월 20일
초판 12쇄 발행 2025년 3월 13일

편집 허윤영
디자인 조수영

ISBN 978-89-277-0086-9 76490
사용 연령 6세 이상

다락원 경기도 파주시 문발로 211
내용문의: (02)736-2031 내선 520
구입문의: (02)736-2031 내선 250~252
Fax: (02)732-2037
출판등록 1977년 9월 16일 제406-2008-000007호

저자 및 출판사의 허락 없이 이 책의 일부 또는 전부를 무단 복제·전재·발췌할 수 없습니다. 구입 후 철회는 회사 내규에 부합하는 경우에 가능하므로 구입 문의처에 문의하시기 바랍니다. 분실·파손 등에 따른 소비자 피해에 대해서는 공정거래위원회에서 고시한 소비자 분쟁 해결 기준에 따라 보상 가능합니다. 잘못된 책은 바꿔 드립니다.

www.darakwon.co.kr

Kyoryu Saikyoou Zukan
©Gakken Plus 2016
First published in Japan 2016 by Gakken Plus Ltd., Tokyo
Korean translation rights arranged with Gakken Inc. through Imprima Korea Agency

이 책의 한국어판 저작권은 Imprima Korea Agency를 통한 Gakken Inc.와의 독점 계약으로 도서출판 다락원에 있습니다. 저작권법에 의해 한국 내에서 보호를 받는 저작물이므로 저자 및 출판사의 허락 없이 이 책의 일부 또는 전부의 무단 전재 및 복제를 금합니다.